일제강점기 해주구세요양원의 결핵퇴치운동 연구

동아대학교 역사인문이미지연구소 총서 01

일제강점기 해주구세요양원의 결핵퇴치운동 연구

-셔우드 홀 박사와 결핵예방 홍보자료-

경인문화사

　본서는 한국에서 태어난 캐나다 의료 선교사 셔우드 홀(Sherwood Hall, 1893~1991, 이후 '홀 박사'로 약칭) 박사가 1928년에 설립한 우리나라 최초의 결핵전문 요양병원인 황해도 해주구세요양원(海州救世療養院)에서의 결핵 퇴치운동, 나아가 결핵기금 확보를 위해 홀 박사가 발행했던 크리스마스 씰(Christmas Seals), 그리고 여기에 관련된 인쇄홍보자료들이 어떠한 역사적 의미를 가지고 있는지를 고찰한 것이다. 그간 해주구세요양원을 설립한 셔우드 홀 박사에 대해서는 박사의 자서전『닥터 홀의 조선회상』이나 한국 최초로 남대문 도안의 크리스마스 씰을 만들었다는 점에서만 널리 알려져 있고, 해주구세요양원 자체에 대한 역사적인 검토는 전혀 이루어지지 않았다. 일제강점기 때는 '망국병'이라고도 불렸던 결핵의 퇴치를 위해 일생의 대부분을 우리나라에서 헌신한 박사의 노력과 열정에 대한 역사적인 평가, 해주구세요양원의 역사적 의미에 대해서 상당히 늦기는 했지만, 지금이라도 재평가하지 않으면 안 된다.

　본서의 제1장에서도 언급하겠지만, 홀 박사의 가족은 격동하는 한국의 근대사와도 매우 밀접한 관계를 가지고 있다. 그는 평양에서 기독교와 서양의술을 전파하고 있던 감리교 선교의사 윌리엄 제임스 홀(William James Hall)과 로제타 셔우드 홀(Rosetta Sherwood Hall) 부부의 아들로 1893

년 11월 10일 서울에서 출생하였다. 아마도 서울에서 출생한 최초의 외국인 선교의사가 홀 박사일 것이다.

홀 박사는 1900년 6월에 평양외국인학교에 입학하여 1908년까지 수학했고, 1911년부터는 미국으로 유학을 떠나 마운트 허몬학교를 거쳐 1919년 마운트 유니온대학을 졸업하였으며, 1922년에는 메리안 버텀리(Marian Bottomley) 여사와 결혼했다. 또한 그는 한국의 가난한 결핵 환자들의 치료를 위해 1923년에 토론토 의과대학을 졸업한 후, 1924년 뉴욕의 홀츠빌 서퍼크 결핵요양소에서 결핵을 전공하였고, 1925년 8월에는 미국 감리회 의료선교사로 임명되어 1926년 4월 19일에 메리안과 함께 다시 한국으로 돌아왔다. 한국에 귀국하자마자 1926년 7월에는 해주구세병원(Norton Memorial Hospital) 원장으로 부임하여 의창학교 교장직도 겸임하였고, 운산금광(동양연합광업회사) 담당의사로 환자들을 진료하기도 했지만, 그의 원대한 목표는 한국에 결핵요양소를 설립하는 것이었으며, 그 결실이 바로 해주구세요양원이었다.

한편, 본서에서 이용한 해주구세요양원과 다양한 결핵 관련의 홍보인쇄자료들의 수집에 대해서 개인적인 일이기는 하지만, 언급하지 않을 수도 없어 간단히만 소개하고 넘어가겠다. 필자는 애당초 연구를 위해 해주구세요양원 자료들을 수집한 것은 아니다. 단순한 취미 활동으로 초등학교 5학년 때부터 우표와 크리스마스 씰을 수집하고 있었다. 물론, 할아버지가 수집하셨던 옛 동전과 화폐, 우표 등의 진기함에 늘 동전 지갑과 우표책 등을 들춰보면 시간을 보냈기에 그 영향이 컸을 것으로 생각된다. 더군다나 겨울이 가까워 오는 시절이 되면 어김없이 학교에서는 크리스마스 씰을 판매하였는데, 한두 장씩 사다보니 크리스마스 씰과 우표를 수집하게 된 것이다. 우표 발행일이 되면 전날부터 잠을 못자 통금 해제되기를 기다려 새벽부터 동네 우체국에 줄을 서서 구입하였고, 여기서도 적은 매수뿐이 손에 넣지 못하면 명동 근처에 있던 중앙우체국까지 1시간 남짓 버스를 타고 찾아가 오후까지 줄을 서서 우표를 구입하곤 했다. 물론, 평일에는 불가능한 일이지만, 토요일이나 일요일에는 화신, 신세계, 미도파, 코스모스 등의 백화점, 회현동 주변에 위치한 우표가게에서의 구경이 다른 무엇보다도 즐거운 시간이기도 했다. 지금 이런 풍경들은 사라진지 오래지만, 어려웠던 시절에 우표를 산다고 떼를 쓰고, 친구들과 우표를 교환하던 그런 시절이 그립기도 하다.

1994년부터의 유학시절에도 일본 우표와 씰 등은 조금씩 수집했었으나, 해주구세요양원의 홍보인쇄자료를 역사학 연구의 대상으로는 전혀 생각지도 않고 있었다. 2001년 8월 귀국 후에도 마찬가지였으나, 2011년 동아대학교로 부임하고 나서 문득 우리나라에서 우편사 연구가 체계적으로 이루어지고 있지 않다는 것을 느끼게 되었고, 우표와 일제강점기의 엽서, 크리스마스 씰 등을 다시 정리하기 시작했다. 우선 그 첫걸음으로서 일제강점기의 크리스마스 씰을 정리해보자는 막연한 생각을 가진 것이 본서의 출발점이다.

다만, 한 가지 고민거리가 있었는데, 그것은 필자의 전공이 근세 일본 사라는 점이다. 에도시대(江戶時代)의 국제관계를 대상으로 연구하던 사람이 갑자기 크리스마스 씰과 근대사 분야의 공부를 시작한다는 서투름과 부족함, 그리고 본연의 연구를 벗어났다는 다소의 자괴감을 떨쳐버리기가 쉽지 않았다. 그러나 개인이 소장한 귀중 자료가 학계에 소개되지 않은 채 멸실될 수 있다는 점, 이제는 보다 폭넓은 연구를 하고 싶다는 작은 욕심이 또 다른 계기를 만들어 주었다.

어떻게 생각해보면 취미가 연구 대상이 된 것 같은 형색이지만, 앞으로 한국의 우편사 연구라는 미개척 분야에 대해서도 연구를 추진해보고 싶다. 물론, 우표 수집가들에 의한 우편사 분야의 연구가 없는 것은 아니지만, 우표 그 자체를 떠나 우편 제도사, 정치사, 사회사, 국제관계사라는 측면에서 역사학적인 시각에 주안점을 두고자 한다. 그 첫 번째가 크리스마스 씰을 비롯한 해주구세요양원과 홀 박사에 대한 연구이며, 두 번째가 일제강점기에 발행된 사진그림엽서에 대한 연구이다. 현재는 필자가 소장하고 있는 수만 매의 일제강점기 한국 관련 사진그림엽서들을 대상으로 연구재단의 지원을 받은 공동연구 「일제침략기 사진그림엽서(繪葉書)로 본 제국주의의 프로파간다와 식민지 표상」(2016.11~2018.10)을 비롯해 한국학중앙연구원 토대연구사업의 지원을 받아 「일제침략기 한국 관련 사진그림엽서(繪葉書)의 수집·분석·해제 및 DB 구축」(2017.08~2020.07)이라는 주제를 가지고 다양한 분야의 전공자들과 함께 공동연구를 추진 중에 있다.

이렇게 이미지를 이용한 다양한 역사연구를 추진하기 위해 2019년 5월에는 동아대학교 부설로 '역사인문이미지연구소'를 설립하였는데, 바로 본서가 '역사인문이미지연구소 총서' 제1호이다. 연구소 총서의 첫 출발을 내딛게 되어 더없이 기쁜 마음이지만, 한편에서는 연구소의 특성을 대표하기에 부족한 저서가 되지 않을까라는 생각에 마음이 무겁기도 하다.

사적인 이야기로 흘렀지만, 본서로 다시 돌아와 얘기하자면, 본서에서 사용한 해주구세요양원의 크리스마스 씰과 인쇄홍보자료는 기본적으로 국내외 전문 수집가들로부터 직접 구입하거나, 이베이(ebay)·코베이(Kobay)·야후재팬·델캄페(delcampe)·마이클 로저스(Michael Rogers Inc), 필라서치(Philasearch) 등 국내외 각종 옥션이나 인터넷상에서 구입한 자료들이다. 특히 씰 전문 수집가인 서원석님의 소장품 상당 부분을 손자인 서동욱님으로부터 구입했으며, 우표와 씰 수집가로 유명한 고 이창성님의 씰 자료도 의사이신 삼척의 수집가 분께 구입하여 소장하게 되었다. 물론, 본서에는 필자가 소장하지 않은 일부 자료들도 있는데, 씰 수집전문가인 권성중님과 남상욱님, 서동욱님으로부터 많은 도움을 받았고, 부산의 우편사 연구가 김승제님과 일본의 스티븐 하세가와 씨에게도 각별한 조언을 받았는데, 이 자리를 빌려 다시 한번 감사의 마음을 전한다.

끝으로 각종 자료를 수집하는데, 항상 마다하지 않고 정리까지 도와주며 응원해준 아내, 그리고 부족한 졸작임에도 불구하고, 흔쾌한 출판과 함께 연구소 총서의 출판이라는 짐까지도 받아주신 경인문화사 한정희 대표님께도 진심으로 감사의 말씀을 드린다. 상당 부분 개인적인 취미와 마니아적인 연구에 치우쳐 연구의 한계성이 현저하고, 또 식민지 조선에서의 결핵 대응책에 대해서는 보다 치밀하게 연구해야 하지만, 일단 해주구세요양원과 홀 박사의 기초자료 소개라는 측면에서 필자 스스로의 부족함을 조금이나 가릴 수 있다면, 그리고 게으른 탓에 본서를 준비한 지 2년이나 지난 지금에 책을 출판할 수 있어 다행이라고 생각하며 부끄러운 서문을 맺는다.

2019년 8월 1일

신동규

동이대학교 연구실에서

1. 외국의 지명과 인명의 경우 기본적으로 한글 표기법을 따르며, 원어(영문, 한자)를 괄호에 표기한다. 또한 국명과 관련해 식민지 시대를 의미할 경우에는 '조선', 통사적이나 한반도 전체를 의미할 경우에는 '한국'으로 사용한다.

    예) 엘리자베스 키스(Elizabeth Keith)

2. 자료에 일본 연호가 사용되었다고 하더라도 표기는 서력을 기준으로 하며, 필요에 따라 괄호를 삽입하여 표기한다.

    예) 1932년(昭和7), 1940(昭和15)

3. 가격을 표시하는 화폐 단위는 모두 한글음인 원(圓)과 전(錢)으로 통일하여 표기한다.

4. 인용된 자료의 명칭은 원 자료명의 명칭과 표기를 그대로 사용하며, 자주 반복되는 자료의 경우에는 약칭하여 사용한다.

    예)「健康相談醫配置와 療養所設置注力 道마다 道本部두고 猛活動 結核驅逐運動白熱」,『每日申報』, 1936년 4월 10일.

    예)『닥터 홀의 조선회상』(이하,『조선회상』으로 약칭).

5. 인용된 자료는 장별로 '[자료1]'의 형식과 같이 번호를 부여하며, 각 장의 논고에 따라 자료나 사진이 중복 인용되는 경우도 있다.

6. 참고문헌의 표기에서 '동양서'는 일반적 표기 원칙을 따르고, '서양서'는 "저자, 서명, 출판·서지사항, 연도"의 순서로 표기한다.

    예) 셔우드 홀 저·김동열 역,『닥터 홀의 조선회상』, 좋은씨앗, 2003.

    예) Sherwood Hall, THE STORY OF KOREA'S FIRST CHRISTMAS SEAL, Seoul Korea, Y. M. C. A. Press, 1932.

7. 자료의 특성상 크기가 중요하기 때문에 사진이나 이미지는 'mm' 단위로 크기를 기입해두며, 반복될 시에는 생략한다.

8. 본서에서 제시한 모든 자료는 기본적으로 필자가 소장한 것들로 필자가

소장하지 않은 일부 자료는 소장자의 허가를 받아 수록하였으며, 그 자료들은 다음과 같다.

권성중 : 우표와 씰 수집가 / 1937년 한지 포스터 사진 제공(대형), 1940년 미발행 씰의 실체 봉투.

남상욱 : 우표와 씰 수집가 / 1932년 해주구세요양원 발행 「씰-販賣의 價格과 使用法」, 1939·1940년 씰 엽서(소형).

서동욱 : 씰 수집가 / 해주구세요양원 발행 「本院案內書」, 1933년 씰의 시쇄 엽서(대형), 1933년 씰의 '퍼즐 맞추기', 1933년 '모금용 편지지', 1940년 목판 연하장, 1939년 달력.

9. 본서에 수록한 논고들은 필자가 발표한 이하의 논문들을 기반으로 대폭적인 수정·보완과 함께 일부 집필을 추가한 것이며, 상당 부분의 그림 자료들은 새롭게 교체 또는 추가한 것임을 밝혀둔다.

- 제1장 : 「일제침략기 결핵전문 요양병원 海州救世療養院의 설립과 운영 실태에 대한 고찰」, 『한일관계사연구』 52, 한일관계사학회, 2015.

- 제2장 : 「일제침략기 선교사 셔우드 홀(Sherwood Hall)과 크리스마스 씰(Christmas Seal)을 통해 본 한일관계에 대한 고찰」, 『한일관계사연구』 46, 한일관계사학회, 2013.

- 제3장 : 「일제침략기 해주구세요양원의 결핵예방과 퇴치를 위한 홍보인쇄자료의 분류와 성격 검토」, 『한일관계사연구』 54, 한일관계사학회, 2016.

- 제4장 : 「일제침략기 해주구세요양원의 결핵관련홍보자료 판매와 수익금 활용에 대한 고찰」, 『일본문화연구』 59, 동아시아일본학회, 2016.

차 례

서 문 5

범 례 10

제1장 일제강점기 해주구세요양원의 설립과 운영 실태   15

  1. 머리말   16

  2. 해주구세요양원의 설립과정과 규모   20

  3. 해주구세요양원의 운영 실태와 발전   32

  4. 맺음말   48

제2장 셔우드 홀 박사와 크리스마스 씰을 통해 본 한일관계   57

  1. 머리말   58

  2. 1932년 씰의 탄생과 일본의 도안 통제   59

  3. 1933년–1939년 씰의 제작과 발행   70

  4. 1940년 일제강점기 최후의 씰과 일본의 도안 통제   77

  5. 맺음말   89

제3장 해주구세요양원의 결핵퇴치 홍보인쇄자료의 분류와 성격   97

  1. 머리말   98

  2. 비매품의 결핵퇴치 홍보인쇄자료   101

    1) 홍보용 소책자   101

    2) 모금용 편지   106

    3) 촛불 봉투와 씰 봉투   113

    4) 씰 발행 안내서   121

3. 판매품의 결핵퇴치 홍보인쇄자료 · · · · · · · · · · · 130

　1) 카드와 엽서 · 130

　2) 한지연하장과 목판연하장 · · · · · · · · · · · · · 131

　3) 보건증권 · 141

　4) 미니 포스터와 씰 포스터 · · · · · · · · · · · · · · 153

　5) 달력과 퍼즐 맞추기 · · · · · · · · · · · · · · · · · 163

　4. 맺음말 · 165

제4장　해주구세요양원 결핵퇴치 홍보물의 판매와 수익금 활용 · · · 171

　1. 머리말 · 172

　2. 홍보자료를 통한 '씰 캠페인'과 대중의 호응 · · · · 173

　3. 홍보자료의 판매활동과 수익금 사용 실태 · · · · · 188

　4. 맺음말 · 196

참고문헌 201

색인 208

제 1 장
일제강점기 해주구세요양원의
설립과 운영 실태

1. 머리말

본고에서는 일제강점기 결핵 환자의 치료와 요양을 위해 캐나다의 감리교 선교사 셔우드 홀(Sherwood Hall, 1893~1991, 이후 '홀 박사'로 약칭) 박사가 1928년에 한국 최초의 결핵전문 요양병원으로 설립한 황해도의 해주구세요양원(海州救世療養院)을 중심으로 요양원의 설립 과정과 시설 운영 및 성과에 대해 고찰해보고자 한다. 물론, 해주구세요양원이 결핵전문 요양병원이었다는 점과 원장이었던 홀 박사가 결핵퇴치 기금 마련을 위해 한국 최초의 크리스마스 씰(이하 '씰'로 약칭)을 1932년에 제작·발행하였다는 점은 간단히 소개되기도 했지만,[1] 대부분 씰 관련이었고 한국에서의 결핵퇴치에 핵심적인 역할을 해왔던 요양원의 설립 과정을 비롯해 규모와 시설 및 운영 실태에 대한 연구는 전무한 상태이다.

한편, 결핵은 아직까지도 박멸되지 않은 채 인류를 위협하고 있는 전염병으로 여러 종의 마이코박테리움(Mycobacterium), 특히 결핵균에 의해 발병하는 질병으로 수천 년간 지속적으로 인류를 괴롭혀 왔다. 특히, 한국은 경제협력개발기구(OECD) 회원국 중 결핵 발생률과 사망률 1위를 기록해 '결핵 후진국'이란 오명을 안고 있을 뿐만 아니라, 2014년 34,869명이 새롭게 결핵 진단을 받기도 했다.[2] 결핵균은 1882년 독일의 미생물학자인 로베르트 코흐(Heinrich Hermann Robert Koch)에 의해 발견되면서 치료의 길이 조금씩 열리기 시작했는데, 역사적으로는 17,000년 전에 미국 와이오밍 주의 들소에게서 결핵균의 흔적이 있었음이 밝혀지고 있으며,[3] 인간에게서는 기원전 4,000년 전의 선사시대 인간과 기원전 3,000~2,400년 전의 이집트 미라의 등뼈에서 결핵균이 발견되고 있다.[4] 기원전 460년경에 히포크라테스는 『아포리즘(Aphorism)』에서 폐결핵(Phthisis)에 대해 "이 병에 걸린 사람은 역한 냄새의 객담을 내뱉으며 기침을 하고, 머리카락이 빠지고, 치명적이 된다."[5]라고도 하였다. 이처럼 인류는 결핵이라는 고질적 질병에 노출되어 있었고, 이에 대한 치료와 퇴치운동이 비로소 19세기 결핵균의 발견과 함께 본격적으로 시작된 것이다.

그렇다면 과연 한국에서 결핵은 언제부터 사회문제가 되었으며, 또 그 치료와 예방은 어떻게 이루어졌을까. 최은경에 의하면, 고대 동북아시아, 특히 한반도에서 유행했는지는 명확히 알 수 없지만, 현대의 결핵과 유사한 질병이 BC 1세기-0세기에 한반도에서도 유행한 흔적들이 보인다고 한다.[6]

이후 한반도에서 결핵은 불치의 고질병으로 자리 잡고 있었던 것으로 추정되지만, 대한제국기에 들어와서도 콜레라 등 급성 전염병에 대한 대책을 '전염병 예방법'의 형태로 마련했을 뿐, 결핵과 같은 만성 전염병에 대해서는 구체적인 방책을 준비하지 못했다. 일제강점기가 시작된 1910년대에 비로소 결핵에 대한 초보적인 법령이 반포되었고, 1930년대에 들어와 조선총독부가 결핵을 가장 중요한 질병으로 부각시키면서 각종 예방과 치료 대책이 그때서야 만들어지기 시작한 것이다.[7] 당시 결핵은 7명 중에 1명의 비율로 발생하고 있었으며, 또 예방에 관해 선전이 부족한 관계로 희생자가 나날이 증가하던 일로였다.[8] 더욱이 결핵은 "니병보

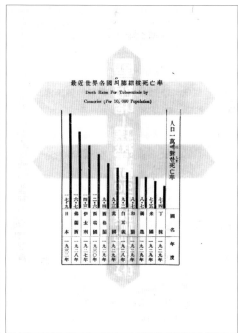

[자료1-1] 「크리스마스 씰 발행 제5주년기념 미니 포스터」 앞면. 1936년에도 발행됨.　　[자료1-2] 뒷면.「最近 世界 各國의 結核 死亡率」.

다 무서운 질병",[9] 또는 "전쟁보다 무서운 질병"[10]으로 인식되어 그 대책의 필요성이 역설되고 있었으며, 나아가 "널리 인간에 만연되어 있는 질병으로 실로 사회의 대적(大敵)"인 동시에 '망국병'으로도 인식되고 있었다.[11]

실제 「최근 세계 각국의 결핵 사망률」([자료1-1·2] 참조)[12]을 보면, 1932년 인구 1만 명당 결핵 환자 사망률은 일본이 가장 높은 17.9명으로 총 11개국 중에서 최고의 사망률을 보이고 있었다. 1935년의 수치를 보더라도 사망률은 거의 변함이 없었으며,[13] 15개국 중에 세 번째로 결핵에 의한 사망률이 상당히 높다는 것을 알 수 있다.

그렇지만, 결핵예방이나 치료를 위한 요양원 및 예방시설의 설립 등에 조선총독부의 대응은 매우 느렸으며, 1910년부터 해방 직전까지 조선총독부의 결핵에 대한 대응의 변화와 한계는 일본의 불완전한 결핵 대응을 반영한 것으로 동시에 조선총독부의 위생 전반에 걸친 한계를 내포하고 있다[14]는 평가도 받고 있다. 더욱이 일본 본토에서는 1919년에 제정되었던 '결핵예방법'이 식민지 지배가 종결된 1945년까지도 식민지 조선에서는 제정되고 있지 않았을 뿐만 아니라, 조선총독부 자체도 종합적인 대책의 수립보다는 개인위생에 대한 강조[15]가 그 중심을 이루고 있었기 때문에 조선총독부의 식민지 조선에 대한 효과적이고 실질적인 대책이 이루어지고 있었다고는 볼 수 없다.

이러한 의미에서 본다면, 만성 질병과 전염병에 대한 조선총독부의 의료체계 전반이 본토와 같이 조선에서 동일하게 이루어졌다고는 볼 수 없으며, 결핵에 한정해 말하자면 오히려 해주구세요양원과 같은 일종의 해외선교사 병원이 중심적인 역할을 했다고 볼 수 있다. 당시 조선총독부가 결핵예방과 치료에 별다른 성과를 거두지 못했을 때, 홀 박사가 설립한 해주구세요양원은 후술하는 바와 같이 결핵을 전문적으로 예방하고 치료하기 위한 기관으로 한국 최초로 1928년에 건립되어 실질적인 결핵예방 활동과 더불어 수많은 사람들을 결핵으로부터 완치시키고 있었다는 사실이 이를 대변해 준다.

이러한 측면에서 본다면 해주구세요양원의 역사적인 의미와 함께 의학사적 평가와 그에 대한 연구의 필요성이 대두된다. 이와 관련해 박윤재는 해주구세요양원을 중심으로 홀 박사의 결핵 퇴치를 위한 의료 활동, 그리고 이러한 의료 활동과 조선총독부와의 관계를 의학사적인 입장에서 1940년 홀 박사가 추방당할 때까지 검토하고 있는데,[16] 선구적인 연구라고 평가할 수 있으며, 본고도 이에 시사 받은 점이 많다. 그러나 지금까지 해주구세요양원의 상세한 설립과정과 시설의 규모 및 운영 실태를 규명한 연구가 이루어지지 않았을 뿐만 아니라, 서양 선교사의 의료 활동 속에서 해주구세요양원의 역사적 평가 및 한국사에서의 의미 부여를 위해서라도 지속적인 연구가 필요한 분야이기도 하다. 이러한 측면에서 본 장에서는 다음의 목적을 가지고 고찰해 보고자 한다.

첫째, 홀 박사가 어떠한 의도를 가지고, 또 어떠한 과정 속에서 해주구세요양원을 설립했는가에 대한 상세한 검토와 함께 지금까지 불명확했던 요양원 시설의 규모를 밝히는 것이다. 둘째는 지금까지 전혀 소개되지 않았던 요양원의 운영 체계와 발전 과정, 그리고 어떠한 성과를 이루었는지를 규명해보고자 한다. 지금까지 소개가 안 되거나 쉽게 접할 수 없었던 희소성의 가치가 높은 자료들이고, 결핵 퇴치라는 특수한 홍보 자료를 토대로 검토하고 있어 마니아적인 측면과 함께 연구의 한계성도 있을 수 있지만, 이것이 홀 박사와 해주구세요양원의 역사적 의미를 보다 선명히 부각시켜 주리라 생각한다.

2. 해주구세요양원의 설립과정과 규모

해주구세요양원의 설립 배경과 과정은 홀 박사의 개인사와도 밀접한 관련이 있어 우선 요양원을 설립하기 이전까지의 발자취를 그의 자서전인 『조선회상』[17]을 토대로 검토해보겠다. 홀 박사는 서문에서 언급한 바와 같이 평양에서 서양의학과 기독교를 전한 감리교의 선교의사인 윌리엄 제임스 홀(William James Hall)과 로제타 셔우드 홀(Rosetta Sherwood Hall) 부부의 아들로 1893년 11월 10일 서울에서 출생하였다. 그의 부친 윌리엄은 평양에서 선교와 의료 활동을 하였으며, 청일전쟁 중에 부상병을 치료하다가 과로로 1894년 11월 24일 순직하였다. 모친 로제타는 후에 서울에 와서 동대문부인병원·경성여자의학전문학교·경성여자의학전문학교 설립 등 한국의 의료사업에 헌신적으로 평생을 바쳐 '평양의 어머니'라고도 불리기도 했다.[18]

한편, 홀 박사는 1922년에는 메리안 버텀리(Marian Bottomley)와 결혼한 후, 1924년 뉴욕 롱아일랜드의 홀츠빌 서퍼크 결핵요양소에서 결핵을 전공하였으며, 1925년 8월 미국 감리회 의료선교사로 임명되어 1926년 4월 19일 메리안과 함께 한국으로 돌아왔다. 1926년 7월에는 해주구세병원(Norton Memorial Hospital)[19] 원장으로 부임하여 의창학교 교장직도 겸임하였고, 운산금광(동양연합광업회사) 담당의사로 환자들을 진료하기도 했지만, 그의 원대한 목표는 한국에 결핵요양소를 설립하는 것이었다.

그가 언제부터 한국에 결핵요양소를 설립하려 했는지 명확히 알 수는 없지만, 자서전에 의하면 어렸을 때부터의 꿈이었다는 자서전의 내용(『조선회상』, 424쪽), 그리고 1930년 「조선 초유의 폐병 치료소인 해주구세요양원을 소개함」에 기술된 "평양연합기독병원의 설립자인 홀 박사(여기서는 윌리엄 제임스 홀)의 아들로 20년 전에 조선에 있을 때부터 특별히 폐병 환자를 고쳐 줄만한 좋은 병원을 설립하려는 훌륭한 이상의 꿈을 꾸게 되었습니다."[20]라는 내용을 볼 때, 1910년 무렵에 한국에 결핵요양소를 설립하겠다는 확고한 의지가 있었음을 확인할 수 있다. 또 이 문제를 해결하기 위해 서퍼크 결핵요양소에 있을 때에도 동료 의사와 논의를 한다든지, 엑스레이 기구를 구입하기 위한 기금도 모으고 있었다(『조선회상』, 392쪽).

하지만, 한국의 감리교 선교부 안에서도 재정문제로 인해 결핵요양소의 설립에 대해서는 반대 의견이 많았다. 그럼에도 불구하고 홀 박사의 요양소 설립 의지는 확고했으며, 마침내 1927년 6월 19일 서울에서 개최된 선교부 연례회의에서 홀 박사가 해주구세병원의 원장을 겸하면서 결핵요양소를 설립하는 것에 대한 추진이 최종적으로 결정되었다(『조선회상』, 400–404쪽). 다만, 이 건에 대해서는 선교부나 위원회로부터 예산을 받지 않는다는 전제 조건이 붙어 있었다. 그렇기 때문에 설립 이후에도 홀 박사는 요양소의 발전을 위해 기금확보와 모금에 많은 노력을 기울였던 것이다.

요양소의 설립에 낙관적인 움직임이 보이기 시작한 것은 메리 스코트 버버그가 공중위생 분야에 사용해달라고 남긴 유산 3,850 달러의 사용이 허락되면서부터이다. 이후 홀 박사 부부는 해주의 자택 부근에 요양소 건립 부지를 확정하였고, 또 형광투시경과 엑스레이 등 결핵 치료를 위한 기구들도 사전에 구입 신청을 하였다.

그러나 예기치도 않은 난관이 있었다. 당시 해주시장이 "결핵요양소 설립 허가를 내줄 수 없습니다. 우리 도시에 결핵 환자들이 우글거리게 할 수는 없지 않소."(『조선회상』, 421쪽)라고 허가를 거부했기 때문인데, 이와 함께 요양소 건립 부지가 공원을 조성하려는 곳이었기 때문에 허가를 내줄 수 없다는 표면적인 이유도 덧붙여 강하게 거부하였던 것이다.

이때의 절망감을 홀 박사는 "소년 시절부터 키워온 꿈이 비로소 이루어지려는 순간, 허공으로 사라지는 것을 보는 일은 얼마나 슬픈 일인지. 나의 절망감은 너무나 커서 '세상에 종말이 왔으면 좋겠다.'고 말한 사람들의 심정을 이해할 수 있을 정도였다."(『조선회상』, 424쪽)라고 표현하고 있다. 그러던 중 평소에 알고 지내던 도경찰부장 사사키를 방문해 조언을 구했고, 그로부터 부지를 옮기고 나서 다시 재신청하라는 조언에 따라 처음의 부지에서 수백 미터 거리에 있는 더 좋은 부지에 대한 매입 허가를 시장과 시의원들로부터 받아냈다(『조선회상』, 425~426쪽). 이러한 상황의 변화에는 사사키의 도움이 컸음을 홀 박사는 자서전에 남기고 있는데, 여기서 말하는 사사키는 바로 1926년 6월 26일부로 황해도 경찰부장에 임명된 사사키 추에몽(佐々木忠右衛門)[21]으로 결핵요양소의 설립에 공식

[자료2] 해주구세요양원의 기공식 모습(삽을 들고 있는 사람이 홀 박사이며, 옆에 앉아 있는 사람이 부인 메리안 여사. 『소신회상』, 444쪽)

[자료3-1] 「해주구세요양원 산하관山下館」 엽서(일제강점기, 136.5mm×92.5mm)

[자료3-2] 「해주구세요양원 女子館」 엽서(일제강점기, 137mm×92mm)

적인 조선총독부의 도움은 없었지만, 비공식적으로 일종의 협력을 얻고 있었음을 확인할 수 있다.

드디어 1928년 3월 무렵에 해주읍 남산 밖[22]에 부지를 정한 요양소의 건축 허가가 나왔고, 4월 13일에는 기공식이 이루어졌는데, 당시 명칭은 '결핵환자위생학교'였다(『조선회상』, 443쪽). 결핵예방을 교육한다는 의미의 학교라고 하지만 주목적은 결핵의 치료였다. 자서전에도 '결핵환자위생학교'라는 명칭과 '해주구세요양원'이라는 명칭이 혼돈되어 사용되고 있는데, 건립 단계였던 4월에는 '결핵환자위생학교'의 건축을 시작했고, 5월에는 '해주구세요양원'의 건축을 착수했다고 기술하고 있다. 아마도 같은 부지에 건물을 달리하는 형태로 건립되었을 것으로 보이며, 이후 10월에 '결핵환자위생학교'와 '해주구세요양원'의 개교식 겸 개원식 이후부터 '해주구세요양원'이라는 명칭이 통상적으로 사용되고 있다.

해주구세요양원의 입지 조건도 자연환경이 중요한 결핵 환자들에게

[자료4] 해주구세요양원 본관의 모습(「Korea India, Tuberculosis Control in Two Lands」수록 사진)

는 최적지였다([자료3-1·2]· [자료4][23]). 1934년 무렵에 발행된 [자료5-1·2]의 「본원안내서(本院案內書)」에 기술된 요양원 위치 설명에는 "본원은 뒤로 준엄한 수양산(首陽山)이 솟아있고 앞으로는 양양한 황해수(黃海水)가 흐르는 해주 남산 중복의 소나무 숲이 울창한 곳에 위치하고 있다. 송풍이 한 번 불면 맑은 종소리가 저절로 울리고, 울창한 송림은 무시로 (친연수이) 테르펜(terpene, 원무

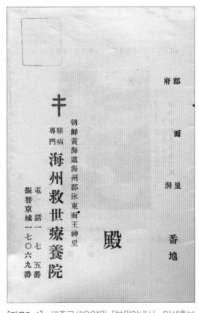

肺病專門 海州救世療養院

朝鮮黃海道海州郡泳東面王神里

電話一七五番
振替京城一七〇六九番

府郡

面

洞里

番地

殿

[자료5-1] 해주구세요양원 「본원안내서」 인쇄홍보물 뒷면

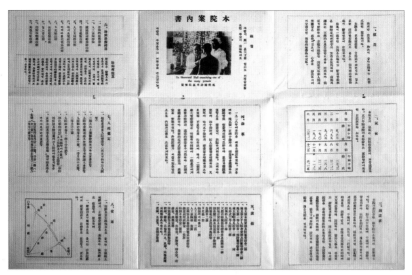

[자료5-2] 해주구세요양원 「본원안내서」 인쇄홍보물 안쪽을 펼친 면(바깥 면에는 요양원의 주소와 수신자 주소기입란이 인쇄되어 있음)

에는 '테레벤징') 향기를 방출하며, 남해의 호수는 천연적으로 풍성한 오존을 산출하여 공기가 신선하고 자연의 모습이 절승한 '별유천지 비인간(別有天地 非人間)'의 낙원 같은 감상이 있으니 심신을 정양하기에 가장 적합한 이상적 지대라 하겠다."[24]라고 소개하고 있어 안정과 깨끗한 공기가 필수적인 폐질환 환자에게는 아주 좋은 입지였음을 확인 할 수 있다.

아무튼 이후 공사는 순조롭게 진행되어 주요 건물이 9월에 완성되어 10월 26일에는 낙성식을 거행하였으며,[25] 주문한 엑스레이 기구들도 미국에서 도착하여 공식적인 개교식을 10월 28일에 개최하기에 이르렀다. 이때의 감회를 홀 박사는 "식장에서 메리안(부인)이 테이프에 다가서는 모습을 보면서 나는 드디어 내 꿈이 이루어지는 기쁨을 느꼈다. 이는 고통 받는 조선의 결핵 환자들을 위해 새로운 시대의 막이 열리는 극적인 순간인 것이다."^(『조선회상』, 457쪽)라고 적고 있다.

해주구세요양원의 수입은 모두 환자의 치료와 요양원의 확장에 투자되었다. 1929년 7월 무렵에도 3천여 원을 들여 병실 확장공사를 하였으며,[26] 자서전에도 1929년부터 공사가 지속되고 있었음을 확인할 수 있는데 그 규모가 상당하다. 전술한 「본원안내서」의 네 번째 항목에는 요양원의 연혁이 명료하게 정리되어 있는데, 이를 다음에서 살펴보겠다.

[자료6] 4. 연혁

1928년에 본원을 비로소 창설하였다. 처음에는 연와로 지은 140여 평의 요양실을 건축하고 개원한 후 요양의 성적이 양호하여 환자가 연이어 찾아와 요양실이 협소하게 되었다. 그리하여 이듬해에 40여 평의 부인요양실을 증축하고, 또 그 이듬해에 다시 50여 평의 요양실을 증축하였으나, 오히려 부족하여 작년 가을에 다시 2개소의 웅대한 요양실을 증축하는 동시에 일반 환자에게 기독의 정신과 도덕적 수양을 주기 위하여 거액의 금액을 투자하여 미술적 근대식 부속예배당과 오락실을 신축하였다. 외부 설비가 이같이 완전한 이상으로 내부의 설비도 충실하게 되었다.

[자료6]의 밑줄 부분에는 작년 가을에 부속예배당을 신축하였다고 언급하고 있는데, 부속예배당은 홀 박사의 모친 이름을 딴 '로제타 교회당'을 말하며 1933년 9월 2일에 헌당식을 개최^(『조선회상』, 553쪽)하고 있었기 때문에 이 자료가 발행된 것은 1934년임을 알 수 있다. 또 이 연혁 자료로부터 1928년 개원 당시 140여 평이었는데, 1929년에는 40여 평의 부인요양신을 증축하였고, 1930년에도 50어 평의 요양실을 중축회였지만

부족하여 1933년 가을에 다시 2개소의 커다란 요양실을 증축하고 있었음을 확인할 수 있다. 이 건물들의 내역에 대해서는 「본원안내서」의 「5. 설비」([자료7]) 항목에 의료설비와 함께 상세히 기술되어 있는데, 이를 볼 때 해주구세요양원은 당시 한국에서 최고의 결핵전문 의료기관으로서의 수준을 갖추고 있었던 것으로 판단된다.

[자료7] 5. 설비

一, 연와로 만든 본관 1동 및 부속기숙사 2동.

一, 연와로 만든 여자 입원병동(入院舍) 1동 및 부속기숙사 2동.

一, 연와제 일등 입원병동 1동, 부속기숙사 1동.

一, 연와제 특등 입원병동 1동, 상동.

一, 동양식 3등 입원병동 2동.

一, 동 무료 입원병동 1동.

一, 천연석 특제 모범예배당 및 오락실 1동.

一, 부속백화점 및 식당 각 1동.

一, 정좌각(靜坐閣) 3동 및 공기막 20여 개소.

一, 부속 목장 및 농장의 시설 등.

一, 자동차 2대.

一, X광선 1개.

一, 특제 디아테르미(투과열 치료법, 원문 '타이아톨미') 1개.

一, 인공태양등 2개.

一, 인공기흉기 수개.

一, 치흉기(治胸器) 및 기타 특별 전기치료기 등.

一, 세균 병리시험실 1개소.

一, 특별 일광욕실 2개소. 기타 소독실·목욕실·사무실·대기실·치료실·
오락실 등.

一, 특별 운동장 및 기타 운동 선로 등.

一, 신문, 잡지, 기타 라디오, 풍금, 그 외에 수종의 오락기구가 있다.

一, 화원, 토끼 사육장, 양계장 여러 곳.[27]

[자료7]에 보이는 요양원의 전체 규모를 보면, 본관 1동, 기숙사 5동,
입원병동(入院舍)이 6개동, 예배당, 오락실, 부속농장 등의 건물과 함께
의료기구도 X광선(X-ray)을 비롯하여 당시로선 최신식 기구인 인공태양
등·인공기흉기·전기치료기가 구비되어 있었고, 세균 병리시험실·일광
욕실·소독실·치료실뿐만 아니라, 사무실·대기실·오락실·운동장 등
결핵 환자의 치료와 요양을 위한 모든 시설을 완비해 놓고 있었다. 다만,
무료 입원병동 1개동이 있는 것으로 보아 무료로 결핵치료를 받고 있던
환자들이 있었던 것을 알 수 있으며, 이것이 바로 홀 박사 선교의사로서
의 사명감, 그리고 해주구세요양원의 성격을 잘 보여주고 있다. 또한, 제
일 끝 부분에는 화원과 토끼 사육장 및 양계장이 있는데, 이러한 시설을
둔 것은 홀 박사가 "나는 요양원에서 운영하는 모범농장을 만들고 싶다
는 생각을 했었다. 그렇게 하면 환자들은 지루한 회복기 동안에 육체적
으로 덜 힘든 현대적 영농 방법을 배울 수 있을 것이다. 특히 농부 출신
의 환자들은 퇴원 후 고향으로 돌아가면 여기서 배운 현대식 농사법을
그 지방 다른 사람들에게도 가르칠 수 있는 이점도 있다."(『조선회상』, 474
쪽)다고 말한 것으로부터 알 수 있듯이 당시 대부분 농촌 생활을 했던 환

자들의 퇴원 후의 생활까지도 고려하고 있었다. 그렇기 때문에 요양원은 지속적으로 농지를 확장시켜 나갔고, 1933년 무렵에는 30,600평의 땅을 확보해 환자들의 부식 조달에 이용했으며, 곧바로 인접한 122,400평의 땅을 사려고 모금운동에 들어갔던 것이다(『조선회상』, 549쪽).

그렇다면 전체 요양원의 규모는 어느 정도일까. 홀 박사의 『조선회상』 에는 당시 요양원의 규모를 알 수 있는 그림([자료8-1])이 한 점 실려 있는 데, 언제 누가 그렸는지는 불명확하지만, 홀 박사는 "한 조선인 화가가 그린 해주결핵요양원 및 주변 풍경 그림으로 결핵요양원과 교회, 농장, 재활센터 등도 이 그림에 모두 나와 있다."(『조선회상』, 709쪽)고 설명하고 있어 그 규모를 쉽게 가늠할 수 있는데, 어느 정도인지 현재의 위성사진 [자료8-2]와 비교해 보겠다. 1934년 무렵 요양원은 '황해도 해주군 영동 면(泳東面) 왕신리(王神理)'에 있었으며([자료5-1]의「본원안내서」표지), 1938년 에 발행된 『요양촌(療養村)』 잡지에 따르면 '해주부(海州府) 왕신리 210'이 주소로 명기되어 있는데,[28] 1977년에 왕신리가 남산 근처에 있다고 하여 남산동으로 변경되었기 때문에 현재의 위치를 파악하면 북한의 행정구 역으로 '황해남도 해주시 남산동'에 해당된다.

[자료8-1]의 위치 관계가 약간 어긋나 있기는 하지만, [자료8-2]의 위 성사진을 약간 아래로 회전시키면 거의 일치하고 있는데, 요양원과 그 부속건물의 터가 그대로 나타나 있음을 확인할 수 있다. [자료8-2]에서 요양원과 붙어 있는 바로 남서쪽의 산이 남산인데, 그 우측에는 농장이 있었고, 요양원의 위쪽으로는 부속예배당(로제타 교회당)이 있던 자리로 현 재는 건물이 없으며, 특이한 형태의 다른 기념물이 들어서있다. 당시 요 양원과 부속건물 및 농장 면적 전체를 특징지을 수는 없지만, 증축공사

[자료8-1] 「한 조선인 화가가 그린 해주구세요양원 및 주변 풍경 그림」(『조선회상』, 709쪽)

[자료8-2] 'Google Earth'에서 검색한 현재 해주시 남산동의 옛 해주구세요양원 터(2015년 10월 4일 검색한 위성
사진으로 위치 표시와 거리표시는 삽입하여 수정한 것임)

와 농장의 확대가 지속적으로 이루어져 요양원 부지의 규모는 상당했음
을 짐작할 수 있다.

3. 해주구세요양원의 운영 실태와 발전

해주구세요양원의 설립 목적은 말할 것도 없이 결핵의 예방 및 치료를 위한 것이지만, 이 목적을 달성하기 위해 다양한 사업을 추진하고 있었다. 그 대표적인 사업들은 1936년 재단법인(이에 대해서는 후술)으로 성장한 이후 제정된 것으로 보이는 다음의 해주구세요양원의 규칙에 잘 나타나 있다.

[자료9]

본원 규칙의 일부

一, 재단법인기부행위규정

　　제一장 총칙

　제1조 본 법인은 재단법인 해주구세요양원이라 칭함.

　제2조 본 법인은 결핵의 예방 및 치료를 위하는 것을 목적으로 함.

　제3조 본 법인은 제2조의 목적을 달성하기 위하여 아래(원문: 쵸)의

　　　　사업을 행함.

　　1. 결핵 환자를 무료 또는 경비(輕費)로 진료함.

　　2. 결핵에 대한 상식을 보급하기 위하여 강연회 또는 간행물을 발행함.

　　3. 결핵의 병리적 연구를 위하여 도서실을 설치함.

　　4. 본 사업을 조성하기 위하여 목장 및 농장을 경영함.

　　5. 기타 필요하다고 인정되는 사업을 함.

　제4조 본 법인은 그 사무소를 황해도 해주부 왕신리 210번지에 둠.

　　　제二장 자산 및 회계

제5조 본 법인 재산은 이하와 같음(원문: 如左함).

1. 본 법인에 속한 동산 및 부동산.

2. 보조금 및 공사(公私)의 기증에 의하여 얻은 금품.

3. 본 법인의 사업 또는 재산에서 발생하는 수입 및 기타 잡수입.

제6조 본 법인은 이사회의 결의를 거쳐 전조의 자산으로 기본 재산을 정함. 기본재산은 이사회 전원의 동의를 거치지 않으면 이를 처분할 수 없음.

제7조 본 법인의 경비는 본 법인의 사업 또는 재산에서 발생하는 수입, 보조금, 또는 공사(公私)의 기증 그 외의 수입으로 이것을 충당함.

제8조 본 법인의 회계연도는 매년 4월 1일부터 이듬해 3월 31일까지로 함(이하 생략).[29]

즉, 주된 사업은 제3조에 보이듯이 ①결핵 환자에 대해 무료 또는 저렴한 비용으로 진료, ②결핵 상식의 보급을 위한 강연과 간행물의 발행, ③결핵의 병리연구를 위한 도서실 설치, ④사업을 조성하기 위한 목장과 농장의 경영, ⑤기타 필요성이 있는 사업 등이다. 이러한 사업으로 생긴 자산은 제5조의 보이듯이 동산과 부동산, 보조금과 공사(公私) 기증에 의한 금품, 사업 또는 재산에서 발생하는 수입 및 기타 잡수입 등으로 분류하고 있는데, 여기서는 수입의 원천이라고 할 수 있는 입원과 진료사업, 보조금과 기부금, 크리스마스 씰 판매 등을 통해 요양원이 어떻게 운영되고 있었는지를 검토해보겠다.

해주구세요양원은 홀 박사가 한국의 결핵퇴치와 예방 및 선교활동을 위해 설립한 시설이지만, 모든 환자들에 대한 치료가 전부 무료는 아니었다. [자료9]의 제3조 1항에서 알 수 있듯이 요양원의 운영과 유지를 위해서 최소한의 경비를 받은 것으로 보이는데, 1930년 1월 「폐환자의 기쁜 소식」이라는 홀 박사가 작성한 해주구세요양원 홍보물에는 입원에 따른 주의사항과 함께 다음과 같이 치료비용을 공지하고 있다.

[자료10] 주의사항

一, 초기 폐환자.

二, 3개월 간 입원 능력이 있는 자.

三, 1개월 간 입원료(30·45·60원).

四, 식사, 침구 등은 환자 자부담.

五, 이학적 치료(X광선, 디아테르미[투과열 치료법], 인공태양 등).

六, 특별 주사 및 특별 약대(藥代)는 실비로 계산함.

　　　1930년 1월 　일[30]

[자료10]의 밑줄 부분을 보면, 입원할 수 있는 대상은 초기 결핵 환자로서 3개월 간 입원할 수 있는 경제적 능력이 전제되고 있다. 또한, 1개월 간 입원료는 세 가지 타입으로 30원, 45원, 60원이었으며, 여기에 식사와 침구류 등은 자비 부담이었고, 특별 주사나 특별 약대는 실비로 지불하지 않으면 안 되었다. 1932년 3월의 쌀 1가마 가격이 최저 16원 31전에서 최고 24원 47전[31]이었다는 것을 비교해본다면, 최소한의 경비였다고는 생각되지만, 일반 서민이 부담하기에는 적지 않은 액수였을 것이다. 이 주의사항은 해주구세요양원의 「본원안내서」에 의하면 점차적으로 다음과 같이 명확한 입원규정으로 확립되어 갔다.

[자료11] 입원규정

一, ⓐ경증 환자로 입원 요양함(남녀불구하고 입원함).

一, 3개월 이상 계속 진료코자 하는 자를 요함.

一, ⓑ입원 시 가족 친족 또는 친우 등의 보증인을 요함.

一, ⓒ입원료는 특등 월 50원, 1등 월 45원, 2등 월 30원.

一, ⓓ입원료는 매월 1개월분 선납함.

一, 이화학 치료(X광선, 디아테르미[원문 '타이아톨미'], 인공기흉 및 인공태양등) 등 특별 주사 및 특별

　　약대는 입원료에 포함치 않음.

一, 식사 및 침구 등은 환자 측 부담. 특히 침구 등은 가지고 오시는 것을

　　요함.

一, ⓔ식사(식당 식대는 월에 20원, 일에 1원[1일 3식], 식모용[食母用] 자취비는 매월

　　20원 내지 30원 가량)[32]

즉, [자료11]의 밑줄 ⓐ와 ⓑ로부터 남녀가 모두 입원할 수 있는 것으로 변경되었으며, 입원 시에 보증인이 필요했음을 알 수 있다. 또 밑줄 ⓒ와 ⓓ로부터 특등실의 입원료를 10원 내렸고, 매월 선납해야 하며, 밑줄 ⓔ를 보면 식사비는 모두 별도이고 식모를 이용했을 경우 자취비까지 부담하지 않으면 안 되었던 것으로 보아 현재의 입원실 같이 1인 특실, 2인실, 다인실 같이 병실과 요금이 세분화 되어 있었다는 것을 알 수 있다. 당시로서는 상당히 고급화된 병원이었음도 유추해 볼 수 있다.

이러한 입원 규정은 보다 구체적으로 개정되었는데 1936년에 재단법인 허가를 받은 후인 1938년의 입원규정을 보면 다음과 같다.

[자료12] 본원 입원규정

입원 시에는 아래의 사항을 준수할 것.

一, 경증자로 입원 요양함(남녀불구).

　　ⓐ단, 중증환자는 입원을 거절할 경우도 있음.

二, 입원 시에는 가족 친족 또는 친우 등의 보증인을 요함.

三, 입원 시에는 보증금(1개월분 이상을 납입함).

四, ⓑ입원료는 특등 월 65원, 1등 월 60원, 2등 월 50원, 3등 월 35원.

五, 이화학적 치료(자외광선욕, X광선, 디아테르미[원문 '타이아톨미'], 인공기흉 및 인공태양

　　등), 주사료 및 특별 약대는 입원료에 포함치 않음.

六, ⓒ입원을 허가받았을 때는 즉시 신환자실에 수용하여 X광선 사진 및

　　투시 제반의 임상검사 후에 병실에 입원케 함. 이 요금으로 10원을

　　선납케 함.

七, 침구 등은 환자 측 부담.

八, ⓓ부첨(식모)은 본원에서 제공함.

九, ⓔ부속식당비 월정액 45원, 30원, 20원. 단 자취는 불허. 식대 선납.

　　재단법인 해주구세요양원[33]

[자료12]는 [자료11]보다 세분화되어 있는데, 밑줄 ⓐ로부터 중증환
자는 입원을 거부할 수 있음을 새롭게 명시하였고, 밑줄 ⓒ에서는 입원
이 허가되었을 때는 신환자실에 있으면서 X광선 등 제반의 임상검사를
마친 후에 입원할 수 있도록 개정하고 있다. 또 [자료11]에서와 같이 원
래 식모용 자취비는 매월 20원 내지 30원 가량을 받고 있었으나, 위의
[자료12] 밑줄 ⓓ에서는 식모를 요양원에서 제공하는 것으로 변경되고

있다. 이것은 아마도 요양원의 환자가 늘어나 식모를 수용할 공간이 부족했기 때문으로 여겨진다. 아무튼 이러한 개정이 필요했던 것은 요양원의 경제적 운영상의 문제가 컸던 것으로 보이는데, 특히 밑줄 ⓑ부터 입원료가 특등과 1등은 월 15원, 2등은 월 20원이 인상되었고, 새롭게 3등 입원실이 생겨 월 35원을 받고 있었음을 확인할 수 있으며, 밑줄 ⓒ에서 새롭게 입원할 시의 제반 검사비용 10원을 받는다든지, 밑줄 ⓔ에서와 같이 매월 식비의 세 등급으로 나누어 인상함과 동시에 자취를 불허하는 것은 이러한 사실을 반영하는 것이다. 1940년의 입원규정도 [자료12]와 동일한데, 다만 부속식당비로 월정액 30원 등급이 제외되어 월정액 45원과 30원만 남아있다.[34]

한편, 해주구세요양원은 설립 전후에 거의 홀 박사의 개인의 노력에 의해 전적으로 운영되고 있었다. 단지 허가 문제로 황해도 경찰부장 사사키 추에몽의 사적인 도움을 받았을 뿐인데, 설립하고 나서 운영이 정상 궤도에 오르자 조선총독부에서도 관심을 가지고 원조하기 시작했다. 1929년 1월에는 조선총독부에서 공문과 함께 100달러의 수표를 지원해주었고, 2월에는 도지사로부터 천황이 보낸 감사장과 함께 35달러를 지원받았다(『조선회상』, 464쪽). 더군다나 1931년 12월에는 다음과 같이 국고지원의 결정을 받고 있다.

[자료13]

해주구세요양원은 창설 이래 폐결핵 환자들에게 일대 복음을 주어 완치자가 날로 증가하여 사회사업으로 없어서는 안 될 기관이며, 또 그 창설자인 셔우드 홀 씨는 결핵요양의 전문가로 구미 각국의 결핵요양기관을 시찰하고 와서 이제 해주요양원의 확장을 계획하고 있는 바, 황해도의 유일한 사회사업기관으로 매년 기원절 하사금으로 100원을 급여하였으나, 이번에 국고에서 350원을 보조하기로 하여 황해도 지사에게 그 전달을 의뢰하여 왔다고 한다.[35]

[자료13]의 밑줄로부터 해주구세요양원이 확장을 계획하고 있으며, 매년 조선총독부로부터 '기원절' 하사금으로 100원을 지원받아 왔으나, 1931년 12월에 350원을 국고에서 지원할 것이 결정되었다는 내용으로 '기원절'이 2월 11일이기 때문에 1932년 2월 이후부터 350원을 지원받게 되었음을 알 수 있다. 결핵에 대해 직접적인 대응책으로 전문병원을 설립하는 등의 실질적 대응책을 취하지 못했던 조선총독부가 해주구세요양원에 대한 자금 원조를 통해 결핵퇴치를 위한 우회적 협력 체제를 모색한 것이다. 단지, 그 지원액은 후술하는 바와 같이 해주구세요양원이 자력으로 확보했거나 일반의 기부금에도 못 미치는 아주 미미한 액수였다는 것을 염두에 둔다면, 당시까지 조선총독부의 결핵 치료에 대한 대응책은 적극적이고 직접적인 대응책이라기보다는 소극적이고 간접적인 대응책이었다고 평가할 수 있다.

하지만 이러한 상황은 1936년 4월 7일 조선총독부가 '조선결핵예방협회'(조선호텔에서 발회식)를 설립[36]하면서 변화되었다. '조선결핵예방협회'는 총독부에 본부를 두고 각 도에 본부를 두어 결핵예방을 홍보하는 것 외에 각 도의 경비에 따라 결핵요양소를 설치하고, 각 공장·흥행소·접객업·학교 등의 위생시설, 특히 각 학교의 위생시설에는 중점적으로 생도들에 대한 건강 상담 및 전담의사를 배치하기로 하였을 뿐만 아니라, 다음 해에는 총독부의 예산에 그 경비까지 계상하기로 하였던 것이다.[37] 이에 따라 총독부는 '조선결핵예방협회'를 적극적으로 홍보하기 시작했고,[38] 동년 4월 27일 충청남도,[39] 4월 28일에는 함경남도에서 결핵예방협회가 발족되면서[40] 동년 5월까지 전국 13개도에서 모두 설립되었으며[41] 이후 각도의 지부까지 설립되기 시작했다. 이를 볼 때, 총독부의 결핵에 대한 대응책이 '조선결핵예방협회'의 설립 이후 적극적으로 전환되고 있었음을 알 수 있다. 다만, 여기서 주의해야 할 것은 적극적인 대책의 전환이라고는 하지만, 「결핵예방협회 설립취의서」의 "(결핵) 예방에 대한 지식의 보급·계몽을 포함해 시설의 실현을 촉진하고, 속히 본병의 예방·박멸을 기망하는 바이다."[42]라는 것으로부터 알 수 있듯이 예방과 계몽이 중점이었다는 점이다. 직접적인 결핵치료를 위한 전문병원의 신설이나 치료기구의 도입 및 확충이 아니라, 기존의 도립병원을 이용하는 것이었으며, 이는 총독부의 해주구세요양원을 이용한 결핵예방책과도 일맥상통하는 것이었다.

아무튼 해주구세요양원은 그 규모와 결핵치료의 측면, 그리고 자금의 확보라는 면에서도 점점 확장·발전하고 있었다. 초기 단계였던 1932년 11월 27일부터는 '폐결핵박멸운동후원회'가 해주구세요양원을 중심으로 조직되었고, 선전원 5명을 선출하여 전국 각지에 파견시켜 학교와 교회를 중심으로 보건의 중요성을 홍보함과 동시에 후원회원을 모집하기도 했다.[43] 이와 함께 동년 12월 3일부터는 해주구세요양원에서 한국 최초로 남대문 도안의 크리스마스 씰을 발행·판매함으로써 결핵 치료와 요양원의 자금 확보도 이전보다 훨씬 호전되어 갔다.

실제로 씰의 판매액은 각지의 교회에서 운영하는 병원에 입원하고 있

[자료14] 「크리스마스 씰 宣傳文」(A형, 1934년 12월, 복사물, 362mm×198mm)

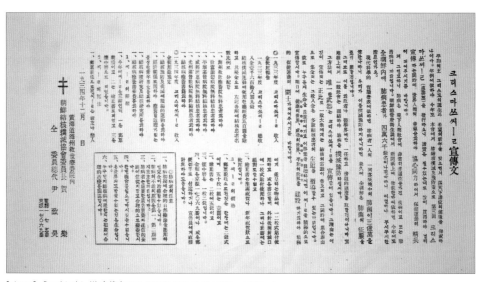

[자료15] 「크리스마스 씰 宣傳文」(B형, 1934년 12월, 복사물, 285mm×186mm)

던 결핵에 걸린 무료 환자들을 위하여 사용되고 있었고,[44] 이 사실은 「크리스마스 씰 선전문」(A)([자료14])을 통해서도 확인된다. 이 선전문에는 1932년도의 크리스마스 씰 수입금 사용 보고와 함께 1933년도 크리스마스 씰의 총수입금이 1,618원 9전이었음을 밝히고 있는데, "해주구세요양원의 무료 환자를 위하여"라는 문구와 함께 세브란스(世富蘭偲)병원, 평양기독병원, 함흥제혜병원, 광주기독병원의 무료 환자를 위해 사용되고 있음을 밝히고 있다. 더욱이 같은 종류의 선전문이지만, 내용이 상이한 또 다른 「크리스마스 씰 선전문」(B)([자료15])에서는 1934년도의 크리스마스 씰의 수입금 사용 용도를 ①결핵 예방 및 적극적인 운동을 위하여, ②결핵 예방 및 박멸과 경제적으로 요양할 수 없는 청년 남녀를 위하여, ③결핵 병리연구 및 결핵연구소를 위하여, ④결핵 요양서를 위한 도서 비용으로 책정하고 있었다.

해주구세요양원의 이러한 발전은 1936년 4월 20일에 자본금 97,800여원, 동년의 하사금 300원, 전희철과 김병서의 기부금 1,000원을 합쳐 자산총액 10만원의 재단법인 신청으로 이어졌고,[45] 1936년 9월 16일부로 최종적인 법인 인가를 받았다.[46] 기부금의 증가라는 면에서 알려진 것만 보더라도 요양원에 결핵 입원 환자로 있으면서 치료 경과가 좋아진 황규환이라는 사람이 요양원 설립 10주년을 기념하면서 1938년 1월 3일에 2,000원을 기부하였고,[47] 황해도 도지사였다가 충남지사로 영전한 정교원이 50원을 기부하였으며, 해주구세요양원에 있다가 완치되어 퇴원한 김홍세도 1월 3일에 100원을 기부하고 있다.[48] 1940년 2월 11일에는 외국인 선교사에 대한 추방정책이 실시되고 있던 와중에도 천황이 내딩금으로 우당사회사업난세를 시원해줄 때 해수구세요양원도 석은

액수이기는 하지만 지원을 받고 있었다는 점을 확인할 수 있다.[49]

하지만 국내에서의 기부금보다는 홀 박사의 개인관계를 통한 외국으로부터의 기부금이 훨씬 더 많았다. 일일이 나열할 수는 없지만, 전술한 메리 스코트 버버그의 3,850달러와 친척들의 의료기 기증, 홀 박사의 모친 로제타 여사와 여사의 친구들이 보내준 여성전용 별채의 건축기금(『조선회상』, 480쪽), 홀 박사의 사촌인 헤롤드 무어의 교회당을 짓기 위한 1만 달러(『조선회상』, 551쪽)와 매년 1,000달러의 기부(『조선회상』, 602쪽) 등 헤아릴 수 없을 정도이다. 또한, 홀 박사도 해주구세요양원의 명의로 해외에 크리스마스 씰 판매와 모금을 의뢰하는 편지, 이른바 '모금용 편지'(Fundraising letter, [자료16])[50]를 1932년부터 한국에서 추방당했던 1940년까지 발송하고 있었기 때문에 그 액수는 어마어마했을 것으로 추정된다.

한편, 홀 박사는 해주구세요양원과 구세병원의 원장을 겸임하면서도 1931년에는 산부인과 진료원을 별도로 개설하는 등 한국에서의 선교와 의료 활동에 적극적으로 매진하였는데, 1933년 9월 2일에는 수많은 인사가 참가한 가운데 로제타 교회당의 헌당식과 함께 구세병원 창립 25주년, 해주구세요양원 창립 5주년 기념식을 치렀다. 또 1938년 5월 7일 오후 2시 해주구세요양원에서는 요양원 개원 10주년을 겸하여 해주기독소년학교(Haiju Christian Boy's School) 35주년, 해주구세병원(노튼기념병원) 30주년, 모자건강병원(Mothers & Children Welfare Clinic) 10주년 등 4개의 기념식을 겸한 특별행사가 성대히 열렸다. [자료17-1·2][51]는 이때의 초대장으로 행사는 7일부터 9일까지 3일간 열렸는데, 7일 2시부터는 홀 박사를 비롯한 관계자들의 특별 강연회가 있었고, '해주 코러스(Haiju Chorus)'와 해주요양원 스텝들의 합창 및 소년들의 밴드 연주(Boy's Home Band)도

March 20th, 1935

Dear Friend,

Thank you very much for your kind letters and enclosed check for $1.00 for the seals. We appreciate your help and interest more than we can tell you. We shall be glad to send you some of our old seals. Our young son William is an ardent stamp collector and would appreciate some old U. S. or Canadian stamp in exchange.

With best wishes and again thanking you for your help,

Gratefully yours,

Sherwood Hall

Endored me in four
manchuino stemps do Japanese
Seals

[자료16-1] 1934년 모금용 편지(216mm×279mm)로 홀 박사이 치필 서명일

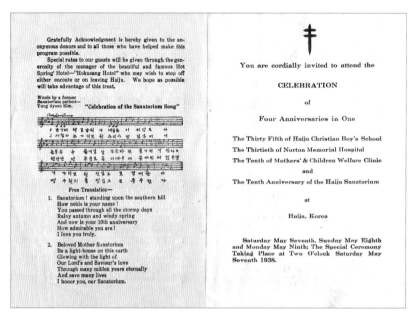

[자료17-1] 「해주기독소년학교 35주년, 해주구세병원 30주년, 모자건강병원 10주년, 해주구세요양원 10주년 초대장」의 표지면(1쪽과 4쪽, 274mm×199mm).

있었던 당시로서는 상당한 규모의 행사였음을 알 수 있다.

더욱이 중요한 것은 뒷면 표지인 제4면에는 지금까지 알려지지 않았던 해주구세요양원의 노래가 악보와 함께 실려 있어 상당히 귀중한 자료라고 할 수 있는데, 그 1절만 소개하면, "남산에 선 요양원 아 네 이름이 귀엽도다. 춘풍추우 십개성상 모든 파란 물리치니 장하도다. 나의 모원 진심으로 경애한다."라는 내용이다. 이와 같은 성대한 기념행사들이 이루어졌고 수많은 인사들이 참석하고 있다는 것은 그만큼 해주구세요양원의 운영이 반석에 올라섰음을 의미하는 것인데, 이점은 결핵전문 요양병원으로서 당시 해주구세요양원의 의료 성과를 보아도 확인할 수 있다.

TENTATIVE PROGRAM

Saturday, May 7th, 1938

Thirtieth Anniversary Service at Norton Memorial Hospital at 9 A. M. Conducted by District Superintendent Rev. S. T. Hong.

Tenth Anniversary Service of Mothers' and Children Welfare Clinic at the Club Building at 10 A. M. Conducted by Rev. H. C. Chun, Pastor of First Methodist Church.

Thirty Fifth Anniversary Service at Haiju Christian Boy's School at 11 A. M. Conducted by Rev. Y. M. Kim, Chaplain of Norton Memorial Hospital and Haiju Sanatorium.

Excursion to the Port of Haiju and Places of Historic interest 12 Noon.

Special Anniversary Program at the Sanatorium Chpapel at 2 P. M.

National Anthem

Welcome to Guests by the Superintendent Dr. Sherwood Hall.

Devotional Service Conducted by Dr. J. Z. Moore

Sanatorium Song Composed by Rev. Y. S. Kim, Former Patient and Sanatorium Evangelist.

History of the Haiju Sanatorium by Dr. C. U. Lee.

Address :– Dr. H. H. Underwood, President of Chosen Christian College.

Haiju Chorus

Official Recognition of Services of by

(Hospital)	(School)	(Sanatorium)
Dr. A. H. Norton	Mr. H. Kim	Miss J. Barlow
Dr. Y. J. Kim	(Mothers Clinic)	Dr. P. S. Kim
	Dr. C. H. Lee	
	Miss S. Yee	

Greetings from :

Hon. P. S. Kang, Governor of the Province of Whang Hai.

Hon. C. Sasaki, Vice Governor of the Province of Whang Hai.

Editors, and Other Distinguished Guests.

Boys' Home Band

Gratefully Acknowledgment of Imperial Gifts, Government Grants and Gifts from Grateful Patients and Friends by S. H. Oh, President of the Haiju Sanatorium Friendly and Supporting Association.

Sanatorium Staff Chorus

Congratulatory Telegrams and Letters

Refreshments and Presentation of Souvenirs (Rose Plants etc. grown at the Sanatorium Green House)

Boys' Home Band

Tour of Inspection of New Cottages, Laboratory, New Solarium, Sanatorium Green House and Farm.

A Surprise Treat Given to the out of Town Guests at the Tai Chung Quan at 5:30 by the Representative Citizens of Haiju.

Evening Program at First Church

Lecture on Tuberculosis by Dr. I. S. Yun, Dean of Severance Union Medical College and Professor of Pathology.

Music Funished by the Haiju Chorus and Salvation Army Band.

Sunday May Eighth

Anniversary Sermon at Sanatorium Chapel at 11 A. M. by Dr. W. E. Shaw, Distric Missionary.

Sacred Concert at Sanatorium Chapel at 2 P. M. given by The Salvation Army Band, Haiju Chorus, Former Patients and Guests.

Monday May Ninth

Special Excursion at 10 A. M. to the Birth Place and Temple Founded by the Famous Confusian Scholar Y. K. Lee.

[자료17–2] 위 초대장의 내지면(2쪽과 3쪽).

물론, 해주구세요양원의 설립 초기에는 여성만을 대상으로 하였었고, 또 정식으로 개업한 후 3주일 간 입원환자는 단 3명뿐으로 어려움을 겪기도 했지만, 남녀구별을 없애고 나서 얼마간의 시간이 흐르자 전국에서 입원신청이 쇄도하였다. 1928년 11월 말에는 환자들로 모든 병실이 가득 차 일광욕실, 치료실, 집무실까지도 이용하지 않으면 안 될 정도였다(『조선회상』, 463쪽). 1929년 1월에는 요양원의 성과가 나타나기 시작해 4명의 환자가 완치되어 퇴원했고,[52] 해주구세요양원이 세워지고 채 3년이 지나지 않은 1931년 5월의 『동아일보』[53] 기사에는 그해 3월까지 요양원의 성과로서 총 입원자 수 124명 중에 완치 24명, 사망 2명, 기타 퇴원 98명이었다고 하여 결핵 치료의 성과를 높이 평가하고 있다.

[표1] 해주구세요양원의 입원 및 외래 환자 통계(『海州市誌』)

연도	입원	완치	퇴원	사망	연인원	외래환자
1928년	5	-	-	-	240	102
1929년	45	15	7	-	3,990	516
1930년	60	8	22	-	7,530	446
1931년	58	11	22	4	1,080	509
1932년	95	22	32	1	11,120	451
1933년	77	11	32	9	7,110	293
총 계	340	67	115	14	31,078	2,217

이와 관련해 『해주시지(海州市誌)』[54]에는 해주구세요양원의 입원 및 외래환자와 치료자가 통계표로 수록되어 있는데, 1928년부터 1933년까지 해주구세요양원에서 치료한 환자의 세부 내역을 보면 [표1]과 같다. 개원 당시인 1928년에는 입원 5명, 연인원 240명, 외래환자 102명으로 상당히 적은 수로 보이지만, 이것은 10월 28일에 개원했기 때문에 그 수가 적은 것으로 1929년부터는 환자수가 증가하여 1932년의 경우 입원이 95명, 완치 22명, 퇴원 32명, 사망 1명, 연인원 11,120명, 외래환자 451명으로 대폭 증가하고 있다. 개원 당초부터 1933년까지 입원이 340명, 완치 67명, 퇴원 115명, 사망 14명, 연인원 31,070명, 외래환자 2,217명이라는 환자수를 감안한다면, 상당히 많은 사람들이 해주구세요양원에 결핵 치료를 의탁하고 있었음을 확인할 수 있다.

또한, 결핵 환자의 치료와 요양뿐만 아니라, 예방 및 계몽활동에도 적극적이었는데, 전술한 「크리스마스 씰 선전문」(B)의 사각형 안에는 폐결핵 환자에게 치료에 대한 주의사항도 홍보하고 있었다([자료18]). 이는 결핵이 불치병이 아니며, 당시 무지와 미신을 버리고 합리적인 치료와 요양으로 결핵을 완치할 수 있다는 것이었으며, 이러한 사실들을 볼 때,

당시 결핵에 무지했던 한국에서 해주구세요양원이 결핵 계몽의 선구적 역할을 하고 있었다고 평가할 수 있는 부분이기도 하다.

[자료18]

폐병 환자의 주의

一, 폐병 초기에 합리적 자연요법을 응용하면 완전히 치료할 수 있습니다.

一, 폐병의 불치 원인은 제1, 제2기까지 방의(放意)한 까닭입니다.

一, 폐병자는 허망한 광고 판매약과 미신적 망담(妄談)에 신종하지 말고 합리적으로 요양합시다.

一, 한 번 기회를 잃으면 다시 찾을 수 없습니다.

一, 온 세계와도 바꿀 수 없는 것이 생명입니다.

一, 누구든지 결핵병에 걸린 자는 초기에 합리적으로 치료를 도모합시다.[55]

이상과 같이 1928년에 설립된 이래 해주구세요양원은 계속적인 발전을 이루어 한국의 결핵 치료에 많은 공적을 남기고 있었지만, 1937년에는 중일전쟁이 개시되었고, 일제의 입장에서도 한국에 재주하는 외국인 선교사는 일제의 대륙침략을 수행하는 데에도 방해될 수 있었기 때문에 1930년대 후반부터는 선교사들에 대한 탄압의 강도가 높아져 홀 박사가 운영하는 요양원에도 위기가 닥쳐왔다. 실제로 아시아 지역에서 일본에 의한 전쟁이 예견되고 있었기 때문에 미국 국무성은 1940년 5월 15일에 "전쟁 지역에 있는 미국인들에게 위험을 알리고 그곳을 떠나도록 요청하는 것은 정부의 의무"라는 성명을 발표하여 선교사들의 피신을 공지

하고 있었다.[56]

이러한 분위 속에서 해주구세요양원에서 발행한 1940년의 씰 도안이 안보규정을 어겼다는 이유로 홀 박사는 스파이 혐의를 받아 1940년 11월에 추방을 당했으며, 그 후에는 인도에서 결핵퇴치를 위한 의료사업을 시작하게 되었다.[57] 이로써 해주구세요양원을 중심으로 홀 박사가 주도했던 결핵 퇴치를 위한 치료와 예방 활동은 물론, 1932년부터 9년간 발행되어 왔던 씰도 1940년으로 중단되었다. 최종적으로 홀 박사 이후 해주구세요양원은 요양원에서 안과과장으로 있던 문창모가 원장을 이어받았으나, 일본의 패망과 함께 공산당의 치하에 놓이게 되었고, 문 원장이 월남하면서 공산당의 수중으로 들어갔다가 폐쇄되었으며,[58] 이후 한국전쟁이 발발하고 나서 해주구세요양원의 상세한 현황에 대해서는 아쉽게도 확인할 방법이 없다.

4. 맺음말

지금까지 본장에서는 해주구세요양원의 설립과정부터 시설의 규모, 나아가 해주구세요양원의 운영과 발전과정, 그 성과 등에 대해 살펴보았는데, 몇 가지 점에서 정리해 보면 다음과 같다.

첫째는 한국 최초의 결핵전문병원으로서 해주구세요양원의 설립에 관한 문제이다. 본고에서는 홀 박사가 17세 무렵이었던 1910년 한국에 있을 때부터 요양원의 설립을 의도하고 있었다는 것을 밝혔는데(1911년 미국으로 유학), 미국 유학을 마치고 1926년에 귀국한 후의 설립 과정에서 알 수 있듯이 전적으로 셔우드 홀 박사의 노력에 의해 이루어진 것이었으며,[59] 이는 의사인 동시에 선교 임무를 포함해 사명감에 충만했던 그의 일생의 과업이었다고 평가할 수 있는 부분이다. 최종적으로는 1927년 6월 19일 서울에서 개최된 감리교 선교부 연례회의에서 해주구세요양원의 건립 승인을 얻어 1928년 3월 무렵에 건축 허가를 받았으며, 동년 4월 13일에는 '결핵환자위생학교'의 기공식을 거쳐 5월에는 해주구세요양원의 건축이 착수되었고, 공식적인 개교식 겸 개원식을 10월 28일에 개최하면서 해주구세요양원은 실질적인 결핵예방과 치료활동을 시작한 것이다.

둘째는 해주구세요양원의 상세한 시설 규모의 파악이다. 요양원은 해주부 남산의 중복에 송림이 울창한 왕십리 210번지에 건립되어 현재의 황해남도 해주시 남산동에 위치하고 있는데, 1928년 3월 무렵에 건축을 시작한 이래로 본관 1동, 기숙사 5동, 입원병동(入院舍) 6개동, 예배당(로제타 교회당), 오락실, 부속농장 등이 있었다. 특히 농장의 규모는 본문에서 살펴본 바와 같이 1933년 무렵에 30,600평을 구입한 상태였고, 곧이어 인접한 122,400평의 땅을 구입하기 위해 모금운동을 하고 있었으며, 지속적인 확장 사업이 이루어지고 있었기에 홀 박사가 강제추방 당했던 1940년까지는 대략 15만평 이상이었을 것으로 추측된다. 뿐만 아니라, 당시로선 결핵 환자를 위한 최신식 기구, 즉 X광선(X-ray), 인공태양등, 인공기흉기, 전기치료기 등을 구비하고 있어 결핵전문요양병원으로서의 실질적 체계를 완비했었다고 평가할 수 있다.

셋째는 요양원의 운영 실태를 통해 본 성과와 발전 및 조선총독부의 결핵대책과 관련된 사항이다. 본문에서 고찰한 바와 같이 요양원이 설립

될 1928년 당시까지만 해도 조선총독부의 식민지 조선에 대한 결핵대책으로서의 치료와 예방 및 퇴치에 대한 정책은 그다지 뚜렷한 성과가 없었으나, 요양원이 설립되고 다양한 성과들을 보이기 시작하자 그제야 일부 보조금을 지원하기 시작하였다.

당시 총독부의 보조금은 요양원 자체에서 조달한 모금이나 기부금보다 훨씬 미미한 액수였는데, 이를 볼 때, 총독부의 조선에 대한 결핵대책은 그야말로 소극적이고 간접적인 대응책이었다고 평가할 수 있다. 그럼에도 요양원은 본문에서 살펴본 1933년까지의 의료성과에서도 알 수 있듯이 꾸준한 성과와 발전을 보여주었고, 이러한 상황은 1936년 4월 7일 조선총독부가 '조선결핵예방협회'를 설립하여 결핵예방을 전국적으로 확산시키는 계기가 되었다.

더욱이 거의 같은 시기인 1936년 4월 20일에는 요양원이 자본금 97,800여원과 기부금 등을 포함해 자산총액 10만원의 재단법인 신청을 하였고, 이후 9월 16일에 승인을 받으면서 요양원은 더더욱 발전하였으며, 식민지 조선에서의 결핵예방과 치료 및 대책도 강화되었다. 이러한 사실을 염두에 두고 보면 식민지 조선에서의 결핵예방과 치료 및 대책이 실질적으로 체계를 갖추고 조직적으로 운영되기 시작한 것은 1936년 4월부터라고 판단할 수 있다. 다만, 일정 부분 조선총독부의 중요한 역할이 있었지만, 본문에서 검토하였듯이 총독부는 이후 결핵 치료보다는 예방과 계몽에 중점을 두고 있었기 때문에 당시 해주구세요양원의 역할은 한국의 결핵사, 나아가 의학사에 각인되지 않으면 안 될 정도로 컸었다고 평가할 수 있다.

미 주

1 이창성, 「韓國의 크리스마스 씰 夜話(1)~(9)」, 『보건세계』37-6~38-2, 대한결핵협회, 1990~1991 ; 남상욱, 「씰 단상(斷想)-한국 최초의 씰 이야기」, 『보건세계』56-5, 대한결핵협회, 2009 ; 동, 「씰 단상(斷想)-일제시기의 씰 디자이너 "엘리자베스 키스"의 예술세계」, 『보건세계』57-1·2, 대한결핵협회, 2010 ; 동, 「운보 김기창 화백이 씰 디자이너?」, 『보건세계』57-5, 대한결핵협회, 2010 ; 동, 「씰 단상(斷想)-1935년 씰의 도안자는 누구인가?」, 『보건세계』57-6, 대한결핵협회, 2010 ; 신동규, 「일제 강점기 선교사 셔우드 홀(Sherwood Hall)과 크리스마스 씰(Christmas Seal)을 통해 본 한일관계에 대한 고찰」, 『韓日關係史研究』47, 한일관계사학회, 2013. 한편, 셔우드 홀 박사에 대한 상세한 내용에 대해서는 본서의 제2장을 참조.

2 「만성 질환자 '결핵 주의보'」, 『경향신문』, 2015년 8월 13일. 한편, 이 기사에 따르면 한국에서 "연간 사망자는 2천명이 넘는다. 13일 의료계와 질병관리본부에 따르면, 현재 전 국민의 30% 이상이 잠복 결핵 감염자로 추정된다."고 하여 결핵이 아직도 박멸되지 않은 만성 질환이 되고 있음을 밝히고 있다.

3 Bruce M. Rothschild et al, "Mycobacterium tuberculosis complex DNA from an extinct bison dated 17,000 years before the present", Clinical Infectious Diseases. 33-3, 2001, pp.305-311.

4 Albert R. Zink et al, "Characterization of Mycobacterium tuberculosis Complex DNAS from Egyptian Mummies by Spoligotyping", J Clin Microbiol. 41-1, 2003, pp.359-367.

5 최은경, 「개항 후 서양의학 도입과 '결핵' 용어의 변천」, 『醫史學』41, 大韓醫史學會, 2012, 228-229쪽, 재인용.

6 상동, 229쪽.

7 朴潤栽, 「조선총독부의 결핵 인식과 대책」, 『한국근현대사연구』47, 한국근현대사학회, 2008, 217쪽.

8 「朝鮮의 結核患者는 七對一의 比例 此亡國病의 救濟機關으로 抗結核會가 出現」, 『每日申報』, 1929년 10일 15일.

9　「나병보다 무서운 폐결핵전문요양원 현실」,『中外日報』, 1929년 10월 15일.

10　「戰爭보다 무서운 結核病 撲滅案」,『每日申報』, 1936년 5월 2일.

11　劉承仁,「국민보건운동과 亡國病 結核의 豫防」,『每日申報』, 1938년 10월 16일.

12　「最近 世界 各國의 結核 死亡率」,「크리스마스 씰 발행 제4주년기념 미니 포스터」, 조선결핵예방협회 해주구세요양원 발행, 1935.

13　內閣統計局,「我國の結核死亡率と乳兒死亡率」,『週報』제16호,『官報』제3024호 부록, 1937, 16-18쪽.

14　최은경,「일제강점기 조선총독부의 결핵정책(1910-1945): 소극적 규제로부터 시작된 대응과 한계」,『醫史學』45, 大韓醫史學會, 2013, 713-715쪽.

15　박현수,「식민지 조선에서 결핵의 표상-나도향의 경우」,『泮橋語文硏究』34, 반교어문연구회, 2013, 275쪽.

16　Park Yun Jae, ibid., pp.681-712.

17　이하, 홀 박사의 개인 신상과 관련된 것은 특별히 각주를 붙이지 않는 한 자서전(셔우드 홀 저 · 김동열 역,『닥터 홀의 조선회상』, 좋은씨앗, 2003)과 자서전 뒤편의「닥터 홀 일가 중요 연표」를 참고하였음을 밝혀두며 본문 중에서는『조선회상』으로 약칭한다.

18　Mary Wilton[Helen Young Snyder], The Mother of Pyong Yang, no publisher, no data, 1926 이후[?], 89mm~159mm. 로제타 여사가 평생을 바쳐 한국의 의료활동에 봉사한 업적을 기린 소책자로 그녀의 업적과 일생, 가족사진을 게재하고 있어 귀중한 자료이며, 본서의 제3장에서 소개하고 있다. 셔우드 가문의 업적에 대해서는 이하를 참조. 로제타 셔우드 홀 저 · 현종서 역,『닥터 윌리엄 제임스 홀』, 에이멘, 1994 ; 셔우드 홀 저 · 김원경 역, 앞의 책 ; 박정희,『닥터 로제타 홀』, 다산초당, 2015 ; 김성은,「로제타 홀의 조선여의사 양성」,『한국기독교와 역사』27, 한국기독교역사연구소, 2007 ; 김정민,「로제타 셔우드 홀의 선교사역에 대한 연구」, 감리교신학대학대학원 석사학위논문, 2008.

19　해주구세병원은 '노튼기념병원'이라고도 불리는데, 이 병원은 평안북도 영변에서 활약하던 의료선교사 노튼(A. H. Norton)이 1910년에 설립한 병원으로 1913년 5월말까지 모두 24,454명을 치료하는 성과를 냈다(海州市誌編纂委員會編,『海

州市誌』, 海州市誌編纂委員會, 1994, 474쪽).

20   神學指南編輯部, 「朝鮮初有의 肺病治療所인 海州救世療養院을 紹介함」, 『神學指南』12-1, 神學指南社, 1930, 81쪽.

21   『朝鮮總督府 官報』, 1926년 7월 1일. 사사키는 1919년에 조선으로 건너와 1920년에 경찰관강습소 교수 및 조선총독부 사무관을 지냈으며, 1930년부터는 경찰관강습소 소장, 평안북도 내무부장을 지냈고, 1933년부터는 황해도 내무부장을 역임했던 인물이다(朝鮮人事興信錄編纂部, 『朝鮮人事興信錄』, 朝鮮總督府, 1935, 191쪽).

22   해주구세요양원, 「씰-販賣의 價格과 使用法」, 해주구세요양원, 1932, 남상욱 소장. 이 자료는 해주구세요양원의 연하카드와 홍보를 위해 발행한 것이다. 다만, 1934년에 발행된 후술하는 [자료3-1·2]의 「本院案內書」에는 '黃海道 海州郡 泳東面 王神理'로 되어 있고, 1938년에 발행된 『療養村(제4집)』 잡지에는 '海州府 王神理 210'로 되어있다(海州救世療養院出版部, 『療養村』제4집, 海州救世療養院出版部, 1938, 41~63쪽).

23   Albert. F. Balla, Korea India, Tuberculosis Control in Two Lands(Reprinted from "WORLD OUTLOOK", 367), no publisher, no data, p.5. 이 책은 홀 박사 부부의 한국과 인도에서의 결핵 예방 활동 및 업적을 기린 사진첩으로 미국의 크리스마스 씰 수집가인 엘버트 벨라(Albert F. Balla)가 개인적으로 발행한 것이며, 벨라가 『WORLD OUTLOOK』(367)이라는 잡지에 게재한 것을 리프린트 한 것이다(출판년 불명). 셔우드 홀 부부와 가족사진을 포함해 해주구세병원 건물 및 한국에서의 의료 활동, 그리고 1940년에 일제에 의해 강제 추방된 후 인도에서의 의료 활동에 관한 사진들이 수록되어 있다. 이 사진첩은 필자가 2015년에 앨버트 벨라의 손자 제임스 벨라(James Balla) 씨로부터 2015년에 구입했다.

24   海州救世療養院, 「本院案內書」, 海州救世療養院, 1934, 서동욱 소장. 이 자료에는 "1. 위치, 2. 기후, 3. 창설자, 4. 연혁, 5. 설비, 6. 특별치료종목, 7. 입원규정, 8. 교통" 등 8개 항목이 일목요연하게 정리되어 있다. 한편, 이하 자료를 인용할 경우에는 현대문에 맞게 문장을 수정한다.

25   『龍塘浦海岸에 救世療養院 -肺病患者의 大福音 _六日에 落成式』, 『농아

일보』, 1928년 10월 31일.

26 「海州救世療養院 다시 擴張計劃-각지의 결핵환자를 치료 三千餘圓 經費豫算」, 『동아일보』, 1929년 7월 16일.

27 海州救世療養院, 「本院案內書」, 앞의 자료, 「伍, 設備」.

28 海州救世療養院出版部, 앞의 책, 41~63쪽.

29 海州救世療養院出版部, 『療養村(제4집)』, 앞의 책, 41쪽. 여기에는 규칙의 일부만 기술하고 있어 전문이 어떻게 이루어졌는지, 또 언제 제정되었는지 현재로서는 불명이다.

30 黃海道海州救世療養院白, 「肺 患者의 기쁜 소식」, 『神學指南』12-1, 神學指南社, 1930, 193쪽.

31 「今年度米穀基準 價格을 高位로 改正 卄八日農林省議 決定됐다」, 『동아일보』, 1932년 3월 30일.

32 海州救世療養院, 「本院案內書」, 앞의 자료, 「七. 入院規定」.

33 海州救世療養院出版部, 『療養村』제4집, 앞의 책, 36쪽.

34 海州救世療養院出版部, 『療養村』제16집, 海州救世療養院出版部, 1940, 10쪽.

35 「海州救世療養院 國庫補助를 給與-結核療養의 唯一한 機關」, 『每日申報』, 1931년 12월 5일.

36 「朝鮮結核豫防協會 今日吾後三時朝鮮호텔에서 盛大한 發會式擧行」, 『每日申報』, 1936년 4월 8일.

37 「健康相談醫配置와 療養所設置注力 道마다 道本部두고 猛活動 結核驅逐運動白熱」, 『每日申報』, 1936년 4월 10일.

38 「結核豫防協會 宣傳普及에 主力」, 『조선중앙일보』, 1936년 4월 13일.

39 「大田府에서도 結核豫防協會」, 『조선중앙일보』, 1936년 4월 30일.

40 「咸南 結核豫防協會 發會式 擧行」, 『동아일보』, 1936년 4월 30일.

41 「結核豫防 協會 設立 順調進行 十三道에 全部 設立」, 『동아일보』, 1936년 5월 3일.

42 「結核豫防協會 設立趣意書」, 『每日申報』, 1936년 4월 8일.

43 海州療養院院長 賀樂(셔우드 홀), 「폐결핵 박멸운동의 유일한 방법인 크리스마

스 씰의 유래와 발전」,『療養村』제4집, 海州救世療養院出版部, 1938, 4쪽 ;「肺
結核撲滅運動 海州救世療養院 開始-後援會까지 조직하야 조력, 各地에 特
派員을 派遣」,『중앙일보』, 1932년 11월 29일 ;「結核撲滅을 期코저 朝鮮的으
로 運動-海州結核療養院을 中心으로 撲滅後援會組織」,『每日申報』, 1932
년 12월 2일.

44 海州療養院院長 賀樂(셔우드 홀), 앞의 논문, 4쪽.

45 「海州 救世療養院 十萬圓의 法人申請」,『동아일보』, 1936년 4월 30일 ;「海州
救世療養院 十萬圓 法人手續-基礎確立, 施設擴張」,『조선중앙일보』, 1936년
4월 30일.

46 「海州 救世療養院 財團法人 認可」,『每日申報』, 1936년 9월 29일.

47 「海州救世療養院에 金二千圓을 喜捨」,『每日申報』, 1938년 1월 9일.

48 「海州救世療養院에 奇附金이 遝至-퇴원환자도 감격하야 기부 鄭僑源氏도 金
一封」,『每日申報』, 1938년 1월 11일.

49 「優良社會事業團體에 御內帑金下賜-光榮의 半島六十九團體」,『每日申
報』, 1940년 2월 11일. 전시 중이었던 1943년 2월 11일에도 내탕금으로 지원이 이
루어지고 있었다(「御下賜金傳達式」,『每日申報』, 1943년 2월 13일).

50 모금용 편지는 해외로부터의 기금확보를 위해 1932년부터 1940년까지 해주구세
요양원에서 발송한 것으로 편지 내용이 인쇄된 것(타입Ⅰ), 타자 글씨에 홀 박사가
추가 내용을 친필로 쓴 것(타입Ⅱ), 홀 박사가 전체 내용을 친필로 쓴 것(타입Ⅲ)
으로 분류할 수 있는데, 이들 편지 내용을 통해 해주구세요양원의 새로운 사실들
을 밝힐 수 있지만, 이에 대해서는 금후의 과제로 삼겠다.

51 「해주기독소년학교 35주년, 해주구세병원 30주년, 모자건강병원 10주년, 해주구
세요양원 10주년 등 4개 기념식장으로 초대장」(274mm×199mm). 본 자료는 미
국의 크리스마스 씰 수집가 앨버트 벨라의 손자 제임스 벨라로부터 수집한 것이다.

52 자서전에는 퇴원을 '졸업'이라고도 명기하고 있어 '결핵 환자 위생학교'로서의 이
미지가 남아 있음을 확인할 수 있다(『조선회상』, 463쪽).

53 「一百名 收容程度로 救世療養院을 擴張」,『동아일보』, 1931년 5월 2일.

54 海州市誌編纂委員會編, 앞의 책, 4/5쪽, 표 재인용.

55 본 자료의 3항에는 "허망한 광고 판매약과 미신적 망담(妄談)에 신종하지 말고 합리적으로 요양합시다."라고 되어 있는데, 실제로 결핵 환자에게는 다양한 미신과 妄談이 있었다. 예를 들면, 크리스마스 씰을 사고 나서 매일 정성껏 가슴에 붙였는데도 심한 기침이 계속되자 환불을 요청하거나, 씰이 약으로 선전되거나, 또는 씰이 해주구세요양원의 무료 입원권으로 인식되는 경우도 있었다. 한편, 위와 같은 자료 이외에 해주구세요양원에서 발행한 수많은 홍보 인쇄물에도 결핵예방과 퇴치를 홍보하고 있는 자료들이 있지만, 이에 대해서는 금후의 과제로 삼겠다.

56 The Korea Mission Field, The Basis of Withdrawal, The Korea Mission Field, March, 1941, p.34. ; 신동규, 앞의 논문, 218쪽.

57 1940년의 크리스마스 씰 도안 문제와 홀 박사의 스파이 협의 및 재판과정과 추방에 대해서는 본서 제2장의 논고를 참조.

58 海州市誌編纂委員會編, 앞의 책, 477쪽.

59 이점은 홀 박사 스스로가 "모든 건축 과정은 나의 계획과 나만의 지시로 처리될 수 있었다."(『조선회상』, 482쪽)라고 언급한 것으로부터도 증명된다.

제 2 장
셔우드 홀 박사와
크리스마스 씰을 통해 본 한일관계

1. 머리말

　서우드 홀 박사는 제1장에서 살펴본 바와 같이 캐나다에서 의학공부를 한 후에 한국으로 돌아와 결핵 퇴치와 치료를 위한 구세병원과 해주구세요양원을 운영하면서 결핵예방 홍보와 치료비용을 충당하기 위해 한국 최초의 크리스마스 씰(이하 '씰'로 약칭)도 제작 발행하였다. 그 최초의 씰이 바로 해주구세요양원에서 1932년 12월 3일에 발행한 '남대문' 도안의 씰이며, 이후 1940년까지 9차례에 걸쳐 발행되었다. 이러한 씰의 발행 과정 속에는 외국인 선교사들의 선교와 의료 활동을 비롯해 다양한 사회 문화적 활동이 내재되어 있을 뿐만 아니라, 일제강점기 결핵 대응책을 비롯해 씰 발행을 둘러싼 한일 간의 알려지지 않았던 근대사가 내재되어 있다. 그럼에도 불구하고 해주구세요양원의 씰에 대한 연구는 거의 이루어지지 않은 상태이다.

　물론, 그간에 전혀 관심이 없었던 것은 아니다. 우표와 씰 수집가인 이창성이 1932년 이래 씰의 유래와 종류, 초판과 재판의 분류 등에 대해 밝히고 있고,[1] 남상욱도 마찬가지로 씰의 분류와 판본의 규명 등 일제강점기의 씰을 대상으로 규명하고 있어[2] 본고도 시사 받은 점이 많다. 하지만 이들 연구는 전문 수집가로서 씰을 수집하는 차원에서의 시각, 즉 씰의 종류와 분류, 인쇄 판본, 도안 상태 등 우취인 관점에서의 연구라는 성격이 강했다. 이외에도 여러 연구들이 있는데, 대부분의 연구는 한국에서 최초로 1932년에 씰을 발행한 셔우드 홀과 결핵예방과 퇴치를 위해 발행했던 씰의 소개, 또는 희귀 수집품으로서 씰의 분류와 특이성을 소개하거나 디자인을 검토한 소개 중심의 글[3]과 도록이었고,[4] 해주구세요양원의 씰에 대해 총체적으로 고찰하거나 씰의 도안 과정에서 통제와 간섭을 행했던 일본과의 관계를 비롯해 셔우드 홀이 한국을 떠날 수밖에 없었던 역사적 고찰에 대해서는 아직도 명확히 규명되지 않고 있다.

따라서 본장에서의 목적은 첫 번째로 만주사변이 발발하고 얼마 지나지 않아 본격적인 대륙침략이 이루어지던 1932년이라는 시점에 한국 최초의 씰 도안이 왜 '거북선'에서 '남대문'으로 변경되어 발행되고 있었는가에 대해 규명하는 것이다. 둘째는 일제강점기 씰의 발행과정을 총체적으로 검토하고, 동시에 일제강점기 마지막 씰인 1940년 '한국의 두 아이' 씰의 발행 과정 속에서 일제의 어떠한 통제와 간섭이 있었는가, 또 홀 박사가 강제 출국이라는 형식으로 한국을 떠날 수밖에 없었던 상황에 대해 규명하는 것이다. 다만, 씰을 소재로 한 역사학계의 연구가 전혀 없어 필자 스스로도 주저함과 연구에 대한 일단의 조악함을 느끼고 있지만, 씰이라는 일종의 특수 자료를 통해 일제강점기의 보다 명확한 한일관계사의 한 단면을 규명하는 것도 시론적 연구가 될 수 있지 않을까 생각해 본다.

2. 1932년 씰의 탄생과 일본의 도안 통제

한국의 씰을 살피기에 앞서 우선, 1904년 세계 최초의 씰에 대해 간단

[자료1] 1904년 세계 최초의 덴마크 씰 4매 블록

[자료2] 1924년 일본 최초의 씰

히 언급하지 않을 수 없다. [자료1][5]이 바로 최초의 씰인데, 어린이를 좋아했던 덴마크 코펜하겐의 한 우체국 직원이었던 아이날 홀벨(Einar Holbøll)에 의해 처음으로 제작되었다. 당시 유럽 지역에는 결핵이 만연하여 수많은 아동들이 결핵으로 사망하고 있었는데, 이 때 홀벨은 우편물과 소포를 정리하던 중 우편물에 소액의 씰을 붙여 보내도록 하면 그 판매대금으로 수많은 어린이들을 구할 수 있다는 생각에 1904년 12월 10일에 최초의 씰을 제작하였던 것이다.[6] 이후 당시 덴마크 국왕이었던 크리스천 9세의 적극적인 지원과 함께 덴마크의 많은 사람들로부터도 다대한 호응을 얻게 되었다.

이러한 성공은 아이슬란드·스웨덴·독일·노르웨이·이태리로 파급되었고, 1907년에는 미국, 1925년부터는 프랑스, 벨기에 등 유럽 국가는 물론이고 칠레, 우루과이, 아르헨티나, 멕시코 등의 중남미 국가를 비롯해 이스라엘, 팔레스타인 등 중동지역에까지 확산되었다. 아시아에서는 1910년에 필리핀이 처음으로 씰을 발행하였고, 뒤를 이어 일본이 1924년 일본결핵예방협회에서 '祝 健康'이라는 문자가 삽입된 [자료2]에 보이는 3종류의 원형 씰을 발행하

[자료3] 1907년 미국 최초 크리스마스 씰을 발행한 에밀리 비셀의 119년 탄생을 기념하여 1980년에 발행한 15센트 우표의 초일봉투(166mm×93mm)

였으며, 이어서 1925년에 자연요양사(自然療養社)라는 민간잡지사에서도 씰을 발행함으로서 씰에 의한 결핵퇴치 운동은 전 세계적으로 퍼져 나갔다.[7]

그렇다면 한국에서는 어떠한 과정 속에서 씰이 발행되었을까. 그것은 홀 박사가 미국에서 안식년 생활을 한 것이 계기가 되었다. 즉, 1930년에 안식년을 맞아 미국을 방문하게 되었고(1930년 6월 27일 일본 출발), 미국에 도착한 후 요양원의 운영기금 확보를 위해 다방면의 사람들과 접촉하며 노력을 기울이고 있었는데, 그 와중에 결핵협회 뉴욕지부에 근무하는 필립 제이콥스로부터 크리스마스 씰의 중요성에 대한 이야기들 듣게 된다. 그리고 그와 함께 미국 크리스마스 씰의 선구자라고 불리는 에밀리 비셀(Emily. P. Bissell, [자료3])을 방문하였는데, 홀 박사는 그녀로부터 1907년 미국 최초의 크리스마스 씰을 만들게 된 경위의 크리스마스 씰 운동,

그리고 이를 통한 결핵기금의 확보 및 지원 사업 등에 관한 조언을 듣고, 크리스마스 씰의 발행이 결핵퇴치를 위한 기금 마련의 최선의 방법이 될 수 있다는 것을 깨닫게 되어 "조선에서도 이와 비슷한 운동을 성사시켜야겠다."(『조선회상』, 498쪽)는 결심을 했던 것이다. 홀 박사가 한국에서 크리스마스 씰을 만들게 된 계기 중의 하나가 바로 비셀과의 만남이었다.

홀 박사 부부는 독일에서 러시아를 거쳐 만주를 통해 1931년 9월 말 무렵 해주로 돌아온 것으로 여겨지는데, 도착하자마자 크리스마스 씰 운동이 어느 정도 가능할지 계획을 구상하기 시작했다. 먼저 황해도지사 등이 포함된 '크리스마스 씰 위원회'(의장은 홀 박사)를 구성하여 결국 여러 우여곡절 끝에 한국 최초의 '남대문' 크리스마스 씰을 해주구세요양원에서 발행하였던 것이다.[8] 그는 자서전에서도 1932년 첫 씰이 발행되는 과정을 상세히 언급하고 있는데, 여기서 주목할 만한 것은 첫 번째 씰로 인쇄된 도안은 남대문이었지만, 원래의 도안은 거북선이었다는 점, 또 그 과정에서 일본의 압박과 통제가 있었다고 하는 점이다. 이에 대해 홀 박사는 다음과 같이 언급하고 있었다.

[자료4]

ⓐ 나는 씰의 도안이 반드시 조선의 민중들에게 열성과 가능성을 부채질할 수 있는 그림이어야 한다고 생각했다. 조선 사람들은 세계 최초로 철갑을 입힌 군함을 만들어 적의 군함을 크게 무찔러 승리한 적이 있었다. ⓑ 영국 어린이들이 허레이쇼 넬슨 제독의 유명한 해전과 승리에 대한 이야기를 아무리 들어도 지치지 않는 것처럼 조선의 어린이들은 어른들이 들

려주는 이순신 장군과 거북선에 대한 이야기를 아무리 들어도 지치지 않는다. 이 거북선은 일본군들이 기어오를 수도 불태울 수도 없게 만들어진 것이다. 이렇게 거북이 모양으로 생기고 무장이 잘된 전함들을 이끌고 이순신 장군은 1592년 진해만에서 일본 해군의 대전함들을 무찔렀다. ⓒ이런 의미에서 씰의 도안을 거북선으로 하면 즉각적인 민중의 호응을 얻을 것이라고 생각했다. 내가 도안한 씰의 거북선은 국가의 적인 결핵을 향해 발포되도록 대포를 배치했다.[9]

위의 [자료4]의 밑줄 ⓐ로부터 홀 박사가 씰의 도안이 조선 사람들에게 열성과 가능성을 부채질할 수 있는 그림이어야 하고, ⓑ로부터 이러한 도안으로서 세계 최초의 철갑선인 동시에 이순신 장군이 임진왜란 때에 일본 해군을 무찌른 것이 거북선(Tortoise Boat)이라는 점을 근거로 삼았다. 밑줄 ⓒ에서는 이러한 거북선 도안은 조선 사람들에게 즉각적인 호응을 얻을 수 있을 것이라고 판단하여 한국 최초의 씰로서 거북선 도안을 만들기로 한 것을 확인할 수 있다. 또한, 거북선의 대포가 결핵이라는 적을 향해 발사하도록 배치해 씰 제작의 목적이 결핵 퇴치임을 명확히 밝히고 있는데, 홀 박사의 『The Story of Korea's First Christmas Seal』[10]에 의하면 각 지역별 씰의 판매 상황과 과정을 상세히 밝히고 있어 씰의 효과적인 판매와 이를 통한 결핵퇴치 자금의 확보를 위해 거북선 도안을 고려한 것이었음을 알 수 있다.

이 최초의 거북선 도안은 그간 알려져 있지 않았으나, 1991년 10월에 씰 수집가 서원석이 스미소니언박물관에 소장되어 있던 홀 박사의 씰 자료를 조사하면서 세간에 알려지게 되었는데, 그것이 [사료5]의 거북선

[자료5] 스미소니언 박물관 소장의 씰 도안   [자료6] 『조선회상』에 수록된 씰 도안

도안이다. 서원석의 논거[11]와 개인자료집[12]에 의하면 이 도안은 서원석이 복사한 것으로 되어 있는데, 홀 박사의 자서전에 의하면, [자료6](『조선회상』, 518쪽)의 거북선 도안이 제시되고 있다. 양쪽 도안이 약간 상이한데 홀 박사가 소장한 씰 자료는 1972년 12월 15일에 모두 스미소니언 박물관에 기증했다는 점, 또 서원석의 「한국의 크리스마스 씰」에 의하면 [자료5]는 직접 스미소니언 박물관을 견학하여 이들 자료를 복사한 것이라고 하였다는 점, 또 홀 박사의 영문 자서전에 수록된 [자료6]의 도안 설명문에 "철갑 전투함의 모사본"[13]이라고 명기하고 있는 점을 염두에 두면, [자료5]의 거북선 도안이 원래의 도안 자료임을 유추해볼 수 있다.

그러나 이 거북선 도안은 일본의 통제로 인해 씰로 발행되지 못했다. 그것은 홀 박사의 다음과 같은 언급으로부터 확인할 수 있다.

[자료7]

서울에 머무는 동안 나는 처음 시도하는 크리스마스 씰의 발행 허가를 정부(조선총독부)로부터 받기 위해 작업을 시작했다. 특히 동양에서는 전례가 없는 이러한 일에 대해 상당히 시간이 기다려야 허가가 난다는 점은 이미 잘 알고 있었다. 일본 관리 중에 나와 친한 사람이 있었다. 그는 '오다 야스마(번역서 『조선회상』에는 '오다 야스마츠'로 표기)'로 외무성의 영국 담당이었다. 나는 그를 찾아가 도움을 청했다. 그는 개인적으로 크리스마스 씰에 대해 가장 협조적인 사람 중 하나였다. 최선을 다해 발행 허가를 얻어주겠다고 약속했다. 그러나 내가 최초로 도안한 씰을 보여주자 그는 단 한마디로 "안 된다."고 했다.[14]

즉, [자료7]의 밑줄을 보면, 일본관리 외무성 영국담당이라고 하는 '오다 야스마'란 사람에게 거북선 씰의 도안을 보여주자 단호하게 거절당하고 있음을 알 수 있다. 그렇다면, 여기서 '오다 야스마'라는 인물은 누구일까.

원문 자서전에는 영문으로 'Mr. Yasuma Oda'로 표기되어 있어 지금까지 그의 정체에 대해서는 전혀 알려져 있지 않았으나, 국사편찬위원회에 소장되어 있는 「조선총독부급소속관서직원록(朝鮮總督府及所屬官署職員錄)」의 1932년도 부분을 보면 오다 야스마(小田安馬)라는 인물이 조선총독부의 통역관으로서 총독관방 외사과에 근무하고 있었고,[15] 『조선인사흥신록(朝鮮人事興信錄)』에 의하면 그는 1892년생으로 미국에서 유학을 한 후, 1922년 5월 조선총독부의 초빙에 의해 한국으로 건너와 종교 사무와 외사에 관한 촉탁업무를 하고 있다가 1926년부터는 총독부의 통역관에 임명되어 외국관계 업무를 담당하고 있었음을 알 수 있다.[16] 또한, 오다 야스마가 1932년 3월 31일에는 총독부의 통역관으로서 외사업무를 중심으로 한 '고등관4등(高等官四等)'이라는 고위직에 임명되었고,[17] 통역관으로서 외국인 관련이나 선교사 관련 업무를 담당하고 있었다는 것을 보면, 홀 박사가 언급한 오다 야스마는 통역관 오다 야스마(小田安馬)임을 확인할 수 있다. 참고로 오다는 '영어의 귀재'로 불리기도 했으며, 일본의 패망 후에도 한국에 남아 미군과의 통역이나 번역 업무를 담당하기도 했다.[18]

한편, 홀 박사는 자서전에서 오다가 거북선 도안을 단호히 거절한 이유와 남대문 도안으로 변경된 이유를 다음과 같이 설명하고 있다.

> [자료8]
>
> 오다는 그림을 가리키면서 이런 도안은 결코 허가가 나지 않을 것이라고 했다. ⓐ그림에서 대포가 겨냥하고 있는 적을 보면서 지난날의 일본 목조 전함들의 패전을 연상했던 모양이었다. 일본은 근래 전쟁에서 많은 승리를 했다. 그래서 그들은 조선을 정복하기 이전에 거북선에 패한 사실을 되새기기 싫어했다. 조선인에게 패배 당했음을 상기시켜주는 이 거북선 도안을 일본 정부에서 어떻게 허가를 해줄 수가 있겠느냐는 것이었다. ⓑ오다는 외교적인 태도로 '일본과 조선 쌍방이 만족할 수 있는 도안을 새로 만들어 오라.'고 했다. 오랫동안 조선 친구와 일본 친구들의 의견도 묻고 심사숙고한 끝에 전보다 드라마틱한 것은 훨씬 떨어지지만 역사적인 서울의 남대문으로 결정했다(『조선회상』, 517쪽).

위의 [자료8]의 밑줄 ⓐ를 보면, 오다가 거북선 도안은 결코 허가가 나지 않을 것이라고 언급한 이유를 제시하고 있는데, 그것은 임진왜란 때

[자료9] 1932년 남대문 씰 초판 4매   [자료10] 1936년 남대문 씰 재판 4매

에 일본 군선들이 거북선에 패전을 당했기 때문이고, 또 이것을 상기시
키는 거북선에 대해 결코 일본 정부가 허락해주지 않을 것이라는 생각
이었다. 그렇기 때문에 일본 측은 허가상의 문제를 표면적인 이유로 들
어 뭔가 잘못된 부분이 수정될 때까지 활동을 정지하라는 통보를 했으
며(『조선회상』, 517쪽), 밑줄 ⓑ에 보이는 바와 같이 결국은 새로운 도안을
작성하라는 오다의 요구에 따라 홀 박사는 심사숙고 한 끝에 남대문을
첫 번째 씰의 도안으로 결정했다.

  이 남대문에 대해 홀 박사는 "남대문은 조선을 상징하는 보편적인 그
림이다. 지브롤터의 바위처럼 이것은 조선의 방위력을 나타내므로 크리
스마스 씰에 나타난 남대문은 결핵을 방어하는 성구임을 상징한다(『조선

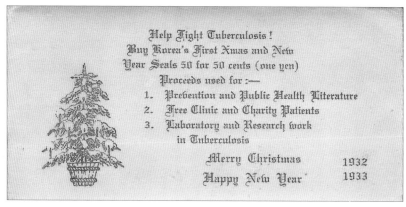

[자료11-1] 초판 씰철 앞면(124mm×61mm), 5×2=10매의 페인 5장이 철핀으로 제본되어 있음

[자료11-2] 좌측의 씰철에 제본되어 있는 5×2=10매의 초판 페인(124mm×61mm)

회상』, 519쪽)."고 설명하고 있었으며, 최종적으로 일본의 허가를 받아 [자료9]에 보이는 바와 같이 '해주구세요양원(海州救世療養院)'을 명기한 위에 'YMCA인쇄소'에서 남대문 도안으로 최초의 씰을 발행하였다. 씰은 1매당 2전의 가격이 책정되었는데, 현시점에서 당시 초판 씰이 몇 매의 전지로 제작되었는지 불명확하지만, 씰철(Booklet, 5×2×5=50매)로도 제작되었고([그림11-1·2], 이하 씰철·페인·전지 등의 사진은 생략), '크리스마스 씰 위

원회'의 이름으로 모금용 편지지와 '씰 발행 안내장 및 연하장' 등도 만들어졌다. 다만, [그림12]에 보이는 1910년대 초 독일의 베네딕트 수도원에서 발행한 남대문 도안의 씰 4종의 남대문 도안을 모방했을 가능성도 있기에 홀 박사의 독창적인 도안이라고 단정 짓기에는 재고의 여지가 다소 남아 있다.

[자료12] 1900년대 초 독일의 베네딕트 수도원에서 발행한 남대문 도안의 씰 4종

아무튼 홀 박사의 자서전에 의하면 발행일은 1932년 12월 3일로서 씰을 제일 먼저 구입한 사람은 배재학당의 헨리 아펜젤러 목사였는데(『조선회상』, 528쪽) 1936년에는 동일한 남대문 도안으로 재판 씰([자료10])이 발행되고 있다.[19] 다만, 본고와 관련해 중요한 논점은 1932년 초판 씰의 원래 도안이었던 거북선이 총독부의 통제와 간섭에 의해 결국은 남대문으로 변경되었다는 점인데, 이러한 과정으로부터 정치적 의도가 전혀 내재되어 있지 않았던 결핵퇴치를 위한 순수한 크리스마스 씰의 제작이라도 민족적 자긍심을 높일 수 있는 요소가 삽입되어 있다면, 그 어떠한 요소도 용납될 수 없었던 당시의 통제된 사회상의 한 단면을 엿볼 수 있다.

3. 1933년-1939년 씰의 제작과 발행

1932년 12월 3일에 발행된 최초의 남대문 도안의 씰은 12월초부터 '크리스마스 씰 위원회'의 보급 선봉대에 의해 전국적으로 퍼져나가기 시작했다. 자서전에 의하면 씰 판매와 홍보를 위한 마지막 선봉대가 돌아온 것은 정월 초하루가 지난 2월 하순경이었는데, 그것은 한국 사람들이 크리스마스 때보다 구정 때에 씰을 더 많이 사용했기 때문이며, 판매량도 크리스마스가 지난 후에 더 많았다고 한다(『조선회상』, 529쪽).[20] 아무튼 씰의 판매를 위한 홍보물의 제작과 신문을 통한 씰 운동의 홍보가 실시되면서 한국에서의 씰은 서서히 정착되어 갔다.

첫 해의 크리스마스 씰 운동은 경제적으로도 성공을 거두어 경비를 제외하고도 170달러의 이익금이 남아 이 금액을 '조선의료선교회'에 전해주었고, '조선의료선교회'에서는 결핵퇴치에 힘쓰고 있는 평양의 연합기독병원, 여주의 영국 교회병원, 함흥의 캐나다 연합교회병원 등에 25달러씩 보조하고, 서울의 세브란스 유니언의 결핵병동과 해주구세요양원에 35달러씩 제공하고 있었다(『조선회상』, 529쪽).

1933년도의 두 번째 씰부터 1939년까지의 발행된 씰은 한일관계라는 측면에서 특이 사항은 보이지 않지만, 일제강점기 씰의 전체상을 보기 위해 개요만을 언급하고 넘어가겠다. 우선, 1933년도의 씰은 미국에서 1932년도에 발행된 '캐럴 부르는 소년소녀'([자료13])의 모습을 이용하여 제작하고 있는데, 차이점이 있다면 소년소녀의 의상이 한복이라는 점이다. 이것은 홀 박사가 제안한 것으로 미국의 결핵협회로부터 도안을 사용해도 좋다는 허락을 받아 'YMCA인쇄소'의 화가가 미국 판의 도안

[자료13] 1932년 '캐럴 부르는 소년소녀' 미국 씰 4매 블록   [자료14] 1933년 '캐럴 부르는 소년소녀' 한국 씰 4매 블록

을 한국판의 도안으로 변경하여 발행하였는데(『조선회상』, 533-534쪽), 바로 [자료14]의 씰이다. 씰의 가격은 1매당 역시 2전이었고(일제강점기 씰은 모두 2전), 전지(10×5), 씰첩(5×2×5)로 구성되었으며, 인쇄는 보진재가 담당하였다. 1932년 초기와는 달리 크리스마스 씰 엽서 대형과 소형 2종류, 퍼즐 맞추기 등이 추가로 발행되었다.[21] 전술한 하세가와의 도록과 이창성의 연구에 의하면 씰과 엽서를 비롯한 관련 자료들에 변종의 존재가 밝혀지고 있는데, 본장에서는 이 부분에 대해서 생략하도록 하겠다.

　1934년의 씰은 한국의 전통적인 모습을 도안으로 삼아 '아기 업은 여인'을 그리고 있는데([자료15]), 여류화가로서 영국 왕실 가족의 그림을 그리기도 했던 엘리자베스 키스(Elizabeth Keith)가 도안했다. 홀 박사의 지서

[자료15] 1934년 '아기 업은 여인' 씰 4매 블록

전에 의하면, 한국에서의 씰이 정착하자 유명한 화가들이 도안을 그려주겠다고 자청했고, 엘리자베스 키스도 그들 중의 하나였다. 그녀는 한국에 머물 때 주로 감리교 선교사들의 집을 숙소로 이용했는데, 홀 박사의 어머니인 로제타 홀(Rosetta Hall) 여사를 알고 난 뒤에는 이들 모자와 친하게 지내며 이후 한국을 찾을 때마다 홀 여사의 집에 머물었다고 한다.[22] 그만큼 홀 박사와도 가까웠기 때문에 씰의 도안을 자청했겠지만, 보다 중요한 이유는 아름다운 자연과 강인한 한국인의 모습, 그리고 한국의 오랜 전통에 큰 애착을 가지고 있었으며, 한국인의 생활상에 나타나는 정신적, 문화적 가치를 느끼고 있었기 때문이었다.[23] 실제로 그녀가 그린 그림들을 보면,[24] 한국의 경치나 명승고적을 그리기도 했지만, 한국 사람들의 일상적인 모습과 인물상들이 대부분이다. 이후, 키스 여사는 후술하는 1936년과 1940년의 씰의 도안도 담당하게 된다.

한편, 씰의 가격은 종전대로 매당 2전이었고, 발행 구성은 이전과 마찬가지의 형태였는데, 1934년부터는 씰 운동의 확산과 판매의 증대를 위해 보건증권을 제작하였으며, 한지로 된 크리스마스카드도 만들기 시작했다. 이러한 씰 운동은 미국에까지도 퍼졌는데, 대표적인 사례가 프랭클린 루즈벨트 대통령의 편지이다. 해주요양원에 미국의 프랭클린 루즈벨트 대통령이 크리스마스카드를 보냈고, 이에 대해 홀 박사가 해주요양원의 '혜순'이라는 병에 걸린 소녀의 이야기와 함께 대통령에게 답장을 보내자, 다시 루즈벨트 대통령이 답장을 보내 "당신이 이야기한 소녀에 대해 관심을 표합니다. 그 소녀가 완치되기를 바랍니다."라는 답장과 함께 소녀에게도 카드를 보냈던 것이다.[25] 이 소녀는 편지를 받고 기뻐하였고, 병의 완치에 대한 희망을 가지게 되어 결국 후에 퇴원했는데, 이리한 사실이 알려지자 한국에서의 씰 운동은 더욱 활발해졌다.

1934년에는 또 하나의 흥미로운 씰이 발행되고 있다. 즉, 한국에서의 감리교 50주년을 기념하여 홀 박사가 도안부터 인쇄까지 모든 책임을 맡아서 특별한 기념 씰을 제작한 것이다([자료16]). 이 씰에서 주목할 만한 것은 일제의 식민통치하에 있었음에도 불구하고, 한반도를 도안의 바탕

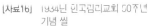

[자료16] 1934년 한국감리교회 50주년
기념 씰

[자료17] 1935년 '널뛰기' 씰 4매 블록

[자료18] 1936년 '연날리기' 씰 4매 블록   [자료19] 1937년 '팽이치기' 씰 4매 블록

으로 하고 있다는 점이다. 1932년의 거북선 도안은 민족정기의 표출을 문제 삼아 일본 측은 발행을 거부했지만, 한반도 도안에 대해 허가를 내린 것을 보면, 당시 '조선반도'라고 불렸던 한반도가 이미 일본의 식민지로 전락하여 한국의 영토라고 생각하지 않았기 때문일 것이다.

[자료17]의 1935년 씰은 최신영이 전통 민속놀이인 '널뛰기'를 소재로 도안하였다. 씰철은 3×3=9매 페인 5장, 그리고 마지막 6번째 페인에 씰 5매와 라벨 4매가 제본되어 총 50매로 구성되어 있다. 전지는 5×5=25매로 발행되었으며, 이외에 '홍보용 씰철'도 발행하고 있다. 자서전에는 1935년 씰에 대한 구체적 내용이 안 보이지만, 홍보용 소책자[26]에

[자료20] 1938년 '제기차기' 씰 4매 블록   [자료21] 1939년 '그네뛰기' 씰 4매 블록

의하면, 황해도 도지사 정교원(Chong Quo Won)[27]의 도움으로 씰 운동에 참여하는 사람들은 계속적으로 늘어났고, 보급에 대한 상황 보고와 함께 씰 주문이 늘어나고 있다고 언급하고 있다.

1936년도에는 다시 엘리자베스 키스 여사가 도안을 담당하였는데, 한국의 전통놀이인 '연날리기'를 소재로 삼았다([자료18]). 또한 1936년은 씰 발행 5주년을 맞이하여 기념 시트를 발행함과 동시에 엽서와 크리스마스카드와 목판연하장 등을 발행하고 있었으며, 씰의 구성은 씰철(5×2×5)과 전지(5×5) 등의 형태로 제작하였다.

[자료19]의 1937년 씰은 당시 제16회 조선미술 전람회에서 특선하여

유명해진 김기창이 팽이치기를 소재로 삼아서 그렸다. 전년과 마찬가지로 씰철(5×2×5), 전지(5×5) 등 같은 형태로 발행되었으며, 엽서, 크리스마스 목판연하장 등과 함께 씰 도안을 인쇄한 우편봉투도 만들어지면서 씰 운동은 자리를 잡아갔다.

홀 박사의 자서전에는 "환자들은 이 운동을 위해 밖에 나가서 활동할 수 있게 해달라고 간청했다. 물론 그들의 청이 허락될 리 없었다. 그러나 글을 쓸 줄 아는 환자들은 전국 각지의 친지들에게 편지를 썼다. … 환자들은 크리스마스 씰을 많이 팔아주기도 했지만, 결핵퇴치를 위해 직접적으로 큰 공헌을 했다. 우리는 위원회의 이름으로 조선의 저명인사들에게 수없이 서신을 띄웠으나 환자들이 개인적으로 직접 보낸 편지에 비하면 너무나 미미한 반응을 보였다(『조선회상』, 531쪽)."고 언급하고 있어 환자들이 큰 역할을 했음을 확인할 수 있는데, 이러한 씰 운동의 확산을 위해 씰 우편봉투 등의 홍보물 활용이 적극적으로 이루어졌음을 유추해 볼 수 있다.

[자료20]의 1938년 씰은 제기차기를 주제로 1937년에 이어 김기창이 도안하였고, 기본적으로 씰철(5×2×5)과 전지(5×5)로 구성되었다. 엽서 2종과 목판 인쇄 연하장, 씰 우편봉투 등이 제작되었는데, 이 해에는 특이하게 25매 구성의 미니 씰철(4×2×4, 마지막 4번째 페인은 씰 1매와 라벨 1매)이 발행되고 있다.

[자료21]의 1939년 씰은 그네 뛰는 처녀를 소재로 삼아 당시 조선에 건너와 선교활동을 하고 있던 호주의 장로교 목사인 에스몬드 W. 뉴(Esmond W. New)가 그렸는데, 그네 하단의 풀 속에 필기체로 'Esmond W. New' 라는 이름이 보이고 있으며, 좌측 하단 나무 옆에 가로로 '유영완

(柳永完)'이란 한자 이름과 낙관까지 있다. 홀 박사의 자서전에도 에스몬드 박사에게 씰 도안을 부탁했다는 언급이 보이고 있다(『조선회상』, 540쪽). 같이 발행했던 자료에는 씰철(5×2×5, [4×2×4]+[씰1+라벨1])과 전지(5×5), 엽서·연하장, 씰 봉투 등이 있고, 25매용 씰철을 제작하기 위한 4×6, 4×10, 3×6의 테트베슈(Tete Beche) 씰의 전지도 있다.

이상과 같이 1932년 이래 시작된 홀 박사의 결핵퇴치를 위한 씰 발행은 시작부터 평탄치 않았고, 수많은 난관들이 있었지만, 자서전에 밝히고 있듯이 1939년까지만 해도 한국에서 크리스마스 씰 정신이 펼쳐지고 있는 것에 대한 밝은 희망을 가지고 있었다(『조선회상』, 571쪽). 그러나 1940년에 들어와 씰의 발행에 대한 일본 측의 통제와 간섭, 그리고 스파이 누명을 씌운 엉터리 재판과 반강제적 출국 등의 불행을 겪게 되는데, 일제에 의한 본격적인 대륙침략전쟁이 시작될 무렵이었기 때문이라고 생각되지만, 과연 어떠한 과정 속에서 전개되는지 다음 장에서 살펴보겠다.

4. 1940년 일제강점기 최후의 씰과 일본의 도안 통제

1938년에 홀 박사는 두 번째 안식년 휴가를 받아 일본과 호놀룰루를 경유해 캐나다의 밴쿠버로 출발하였는데, 자서전에는 1938년 7월 27일 일본을 떠나 안식년을 보낸 후, 1939년 3월 11일 미국을 출국하여 한국으로 돌아온 것으로 되어 있다(『조선회상』, 639쪽). 그런데, 한국에 돌아와 보니 일본은 모든 공문서에서 서력 사용을 금시시끼고, 일본 연호의 시용을 강제하고 있었으며, 당시 한국에 있던 서양 사람들에 대한 군부의 감시와 통제도 강화되어 외국인 선교사 활동의 입지는 점점 줄어들고 있었다. 이러한 일제와 선교사의 관계를 김승태와 양현혜는 5단계로 구분하였는데, 바로 위의 시기를 제5기인 선교사들에 대한 '탄압과 추방기(1936년~1945년)'[28]로 규정하고 있는 것을 보아도 일본과 서양 선교사 국가들과의 관계는 극단적인 대립관계로 폭발 직전이었음을 알 수 있다. 홀 박사도 당시의 상황에 대해 자서전에서 상세히 언급하고 있는데, 이 자서전을 중심으로 본장에서는 1940년의 씰 발행과 홀 박사의 강제적 추방에 대해 살펴보겠다.

1940년 해주 주변에서는 요양원을 일본군이 접수할 것이라는 소문이 돌았고, 많은 해외 선교사들이 스파이 혐의로 체포되거나 엄격한 감시와 통제 속에서 지낼 수밖에 없는 상황이 되었다. 1940년 여름휴가를 갔을 때인 8월 첫 주일에는 선교사였던 캐럴 신부와 함께 화진포의 별장에 있었는데, 그 다음날 일본 헌병들이 캐럴 신부를 체포해 4일간 구금했으며, 그 과정에서의 모든 비용까지도 캐럴 신부에게 부담시키고 있었다. 당시 일본 군부에서는 해발 20미터 이상에서의 사진 촬영을 금지시키고 있었기 때문에 헌병이 고의로 캐럴 신부에게 사진을 찍게 하여 체포하려고 하는 형국을 만들어내기도 했다.

이러한 상황에서 화진포에 있던 홀 박사는 요양원 일로 돌아오라는 수상한 전보를 받고 해주로 돌아오게 되는데, 다시 화진포로 돌아가기 위해 열차를 타려는 순간, 헌병에 체포되고 말았다. 체포 이유는 스파이 혐의였지만, 단순히 캐럴 신부와 친하다는 점, 또 20미터 높이 이상에서는 사진을 촬영해서는 안 된다는 규정을 어기고 해주의 해안을 촬영했다는 것이 문제가 된 것이다. 해주는 해안가 도시였고, 3년 전인 1937년에는 중일전쟁이 발발했었기 때문에 입지적으로나 군사적으로나 중요한 거점 지역으로서 홀 박사도 자서전에 해주시는 전략적으로 중요한 항구로 변해있었다는 사실을 언급하고 있다. 그러나 당시 문제가 된 사진은 해안담당관과 육군의 허가를 받은 것이었고, 또 다른 하나의 사진은 이미 전쟁이 일어나기 이전에 찍었던 것을 입증하였기 때문에 일단 방면이 되었다.

이후 홀 박사는 경찰과 헌병에 의한 미행과 더불어 편지조차 마음대로 쓸 수 없는 철저한 감시를 받음과 동시에 수차례에 걸쳐 가택수사를 받게 되는데, 이러한 일본 군부의 통제는 비단 홀 박사 가족에게만 국한된 것이 아니라, 당시 한국에 있던 선교사를 포함한 모든 외국인들에게 적용되고 있었다. 이것은 이미 미국이나 영국 등의 국가와는 적대적인 관계가 형성되어 이들 국가의 선교사와 관련 국가의 외국인들은 믿을 수 없다는 위기감의 발로였고, 결국은 태평양전쟁으로 치달을 수밖에 없었던 일본 제국주의 모순을 예견하는 것이었다. 이러한 와중에서도 씰 운동은 계속되었고, 이전보다 더 빠른 속도로 한국 사회에 확산되면서 결핵 치료에도 많은 성과를 거두게 되었는데, 이즈음에 홀 박사는 씰과 관련된 많은 업무를 씰 위원회에 넘기고 있다.

한편, 1940년 씰은 엘리자베스 키스가 또 다시 도안을 맡게 되었는데, [자료22]에 보이듯이 색동옷을 입은 귀여운 '한국의 두 아이'를 그린 것으로 배경은 눈이 덮인 높은 산이었다. 이 도안은 일본의 관할 행정청에서도 허가를 해주었고, 모든 이들도 흡족했기 때문에 즉시 발행하였다. 발행 당시에는 통상의 50매 씰철을 비롯해 선시와 카드·엽시 등도 빌행

[자료22] 1940년 '한국의 두 아이' 초판 씰   [자료23] 1940년 '한국의 두 아이' 재판 씰

되었을 것으로 추측되지만, 현재 잔존하는 것은 25매 씰철([4×2×3], 마지막 페인은 씰 1매+라벨 1매로 총 25매)과 씰철에서 분리된 낱자만이 극히 소수 확인되고 있다.[29]

이렇게 잔존량이 극히 적은 이유는 일본 군부가 헌병대를 파견해 예고도 없이 이미 인쇄까지 끝낸 보급 직전의 씰을 전부 압수해갔기 때문이다. 따라서 압수된 처음의 씰을 우취계에서는 1940년 '초판 씰' 또는 '미발행 씰'이라고 하며([자료22]), 이후 군부의 승인을 받아 다시 발행한 씰을 1940년 '재판 씰' 또는 '발행씰'([자료23])이라고 한다. 한편, 군부에서 씰을 압수한 이유에 대해서 홀 박사는 자서전에 다음과 같이 언급하고 있다.

[자료24]

ⓐ육군에서는 이 도안이 국방 안보의 규정을 어겼다고 보았다. 첫째로 한국의 두 아이들 그림이 지적되었다. 어째서 두 천진한 아이들이 국방을 위협한다고 생각되었는지 난 이해할 수가 없었다. 이 아이들이 일본의 막강한 군대에 무슨 해를 미친단 말인가. ⓑ다음은 야만스러운 태도로 눈 덮인 흰 산과 그 밑에 있는 마을을 지적했다. 높이 20미터 이상은 보여주어서는 안 된다는 육군의 규정을 알지 못했느냐고 힐책했다. 헌병들은 씰이 그대로 보급되었다면 나는 법정에서 형을 받았을 것이라고 했다. 그런고로 씰이 보급되기 전에 압수한 것은 바로 내 입장을 유리하게 봐준 것이라고 설명했다. ⓒ셋째로는 씰에 '1940-1941'년이라는 서기 연호를 삭제하라는 것이었다. 1940년은 일본 건국 2600년에 해당하는 해다. '위대한' 일본 제국이 건국되고도 한참 지나서 서기 연도가 생겼다는 것이다(『조선회상』 681-682쪽).

위의 [자료24]을 보면, 1940년의 초판 씰이 안보 규정을 어겼다는 이유로 세 가지를 언급하고 있다. 밑줄 ⓐ에서는 첫째 이유로 도안 속의 한국의 두 아이를 지적하고 있는데, 지금까지의 씰을 발행한 사례로 볼 때, 한국의 전통적인 민속놀이나 소년소녀들을 도안으로 한 것은 아무런 문제가 없었으나, 1940년만이 예외적으로 통제되고 있다. 아마도 전쟁이 고조되는 분위기 속에서 1937년경부터 '내선일체'를 강화함과 동시에 한국의 전통적인 요소 일체를 통제와 탄압의 대상으로 강화시켜나가고 있었음을 유추해 볼 수 있다. 또, 밑줄 ⓑ에서 두 번째 이유로 도안에 보이는 눈 덮인 흰 산과 그 밑에 있는 마을을 지적하고 있는데, 이것은 잎에서도 언급한 바와 같이 고도 20미터 이상은 보여주어서는 안 된다는 규정을 지키지 못했다는 것이다. 세 번째는 일본식 연호를 사용하지 않고 '1940-1941년'이라는 서력을 사용하고 있다는 것에 대한 문제 제기이다.

그러나 어린아이, 눈 덮인 산과 마을, 서력 연도의 사용 등은 이미 행정기관에서 승인한 것을 군부가 억지로 문제 삼은 것이며, 1934년부터 1939년의 씰 배경에 모두 높은 산이 있었음에도 아무런 문제가 되지 않았다. 특히, 서력은 이미 1932년부터 1939년까지의 씰에 문제없이 사용해왔었다. 한마디로 그 어떠한 근거도 없는 막무가내 식의 통제였음을 알 수 있다. 이러한 군부의 대응에 대해 홀 박사는 결국 씰의 도안을 변경할 수밖에 없었고, 그에 따라 키스 여사에게 도안의 변경을 부탁해 최종적으로는 도안 전체에 대문을 만들고, 그 대문 안에 초판의 도안, 즉 대문 안에 어린아이 두 명을 그려 넣은 '한국의 두 아이' 씰([자료23])로 최종 확정하여, 씰철(5×2×5)과 전지(5×5), 엽서와 연하장 등을 제작하게 되었다.[30]

한편, 초판 씰([자료22])와 재판 씰([자료23])을 비교해보면, 쉽게 알 수 있는데 변경된 것이라고는 대문의 삽입, 산 밑 마을 모양의 약화, '보건(保健)' 글자의 위치를 왼쪽 상단에서 하단으로 변경한 것, 엘리자베스 키스 여사의 서명을 삭제한 것,[31] '1940-1941'의 서력 연도를 9번째 씰의 발행이라는 의미를 부여하여 'NINTH YEAR'로 바꾸었을 뿐 전체적인 모양은 대부분 그대로였다. 실제로 [자료23]에 보이는 재판 씰이 발행되었을 당시의 씰철 앞면([자료25])을 보면 서력이 그대로 사용되고 있었기 때문에 초판 씰에 사용된 서력 연도의 문제는 일종의 트집에 지나지 않았

[자료25] 1940년 씰철의 앞면('1940'의 서력 연도를 사용)

다. 또, 군부가 그렇게 엄격히 통제했던 20미터 이상의 높은 산도 그대로 였고, 일본의 연호도 사용하지 않았다. 그럼에도 불구하고 육군검열관은 재판 도안을 그대로 승인을 했는데, 이를 보면, 1940년 초판 씰의 압수는 단순히 외국인을 통제하고 탄압하기 위한 일종의 구실에 지나지 않았던 것임을 확인할 수 있다.

그런데, 여기서 한 가지 검토하고 넘어가야 할 점은 키스 여사의 도안에 대한 사항이다. 즉, 키스 여사가 그린 1940년 재판 도안은 이때 처음으로 그려진 것이 아니라, 이미 1919년에 그려지고 있다는 점이다. 이에 대해서는 남상욱도 언급하고 있지만,[32] 키스 여사가 동생과 함께 1919년 3월 28일 한국을 처음 방문했을 때 당시 서민들의 삶을 소재로 그림을 그리고 있었는데, 이때에 재판에 보이는 대문 안의 「한국의 두 아이」도 그렸던 것이다. 이 그림은 1925년에는 채색목판화로 만들어졌으며, 1935년까지 리프린트되고 있었다는 점이 알려지고 있다.[33] 다만, 여기서

[자료26] 엘리자베스 키스의 1925년 「한국의 두 아이」 채색 목판화(필자 소장, 209mm×284mm)

흥미로운 점은 1919년에 완성되어 있던 그림이 초판 씰의 도안이 아니라, 재판 씰의 도안이 되고 있다는 것이다. 이것은 다시 말하자면, 1940년의 초판 씰의 도안은 1919년에 그려진 도안에서 거의 대문만을 삭제한 것이었으며, 초판 씰이 일본 군부에 의해 문제가 제기되자 도안을 변경할 때에는 1919년의 그림을 이용하고 있다는 점이 확인이 된다.

실제로 [자료26][34]은 1925년에 제작된 채색목판화인데, 1940년 초판 씰과의 차이점은 대문의 유무와 두 명의 어린 아이 사이에 아주 작게 보이는 물동이를 이고 아기를 업은 여인이 없다는 점으로 거의 똑 같은 도안이라는 것을 확인할 수 있다. 정리하자면, 1919년에 그려진 키스의 「한국의 두 아이」에서 대문과 아기 업은 여인을 삭제한 후 1940년 초판 씰의 도안을 제작했으며, 초판 씰을 압수당하자 다시 1919년의 원래 대문이 있던 도안을 이용하여 초가집 등의 일부 배경만을 변경하고 재판 씰을 만들었던 것이다.

이렇게 1919년의 도안을 이용한 이유에 대해서는 불명확하지만, 1940년에는 외국인에 대한 감시와 통제 및 탄압이 강화되고 있었고, 또 키스 여사도 초판 씰이 압수된 이후에 새로운 도안을 그리는 것에 불만을 표시하고 있었던 것으로 보아 편의상 이전의 도안을 그대로 사용해 배경의 일부만을 변경한 것으로 보인다. 어찌되었든 이러한 과정 속에서 홀 박사는 육군검열관의 승인이 떨어지자마자 곧바로 YMCA인쇄소에 인쇄를 주문하였고, 이것이 일제강점기의 마지막 씰이 되고 말았다.

그러나 이후 홀 박사는 또 다른 고통을 겪지 않으면 안 되었다. 1940년 재판 씰을 제작한 직후 일본 헌병들에 의해 다시 가택 수사를 당하였던 것이다. 경찰이 이미 조사를 다했다는 말에 헌병대는 화를 내며 수사를 중단했지만, 같은 날 지인인 사사키는 이 사건과 관련하여 다음과 같은 내용을 홀 박사에게 언급하고 있었다.

[자료27]

ⓐ육군 헌병대에서는 마침내 당신에 대한 스파이 혐의는 포기했지만, 해주 법원으로 이 건을 이첩시켰습니다. 이것은 희소식입니다. 당신들의 생명은 이제 더 이상 위협을 받지 않게 된 것입니다. 그러나 좋지 않은 소식은 경제적인 문제와 관계된 것입니다. 재판이 있기 전이라도 판결이 날 수 있습니다. ⓑ이런 재판을 당신들은 '캥거루 코트(Kangaroo Court)'라고 부르겠지요. 당신들 두 분이 3개월 감옥살이를 하든지, 아니면 1천 달러를 준비해 지불해야합니다. 육군 헌병대는 체면이 크게 손상당했습니다. 제시할 증거는 없었지만 내키지 않는 마음으로 당신네 건을 사법재판소에 넘긴 것입니다. 판사는 형을 가볍게 부르면 육군에서 제소할까봐 두려워하고 있습니다. 그러니까 중한 벌금이 내려지게 됩니다(『조선회상』, 684쪽).

즉, [자료27]의 밑줄 ⓐ에 의하면, 헌병대의 홀 박사에 대한 스파이 혐의는 풀렸지만, 사건이 해주법원으로 넘겨지고 있어 일단 생명의 위협은 사라졌음을 알 수 있다. 그러나 밑줄 ⓑ를 보면, 이른바 '캥거루 코트(Kangaroo Court)'라고 불리는 날조된 재판에 의해 3개월의 감옥, 또는 1천 달러라는 거액의 벌금을 물지 않으면 안 되는 상황에 빠졌다. 그것은 전술한 바와 같이 육군 헌병대가 가택수사를 하지 못한 것에 대한 체면 손상을 이유로 이 사건을 법원으로 넘겨 버렸기 때문이다. 또한, 여기에는 군부를 두려워했던 판사의 결정도 영향을 끼치고 있음을 확인할 수 있는데, 1940년이라는 전쟁 직전의 상황에서 경찰보다는 군부의 영향이 강화되었던 당시의 상황을 유추해볼 수 있다.

결국 홀 박사는 재판에서 스파이 혐의에 대한 증거가 없었음에도 불구하고, 위의 [자료27]에 보이는 바와 같은 징역 3개월 또는 1천 달러의 벌금형을 언도받았는데, 홀 박사는 육군의 집요한 압력이 없었다면 무죄를 받았을 것이라는 말도 후에 듣고 있었고(『조선회상』, 687쪽), 또, 홀 박사 가족의 출국에 즈음해서는 앞에서 언급한 스파이 혐의가 조선총독을 지낸 사이토 마코토(齋藤實)와 친했기 때문이라는 것도 알았다(『조선회상』, 695쪽). 사이토는 3대(1919~1927)와 6대(1929~31) 총독을 지냈고, 후에 일본의 제30대 내각총리대신에 오르기도 한 인물이다. 그는 1936년 2월 26일 군부의 황도파 장교들이 일으킨 쿠데타 사건, 즉 '2.26 사건'으로 이미 암살되었으나, 육군 헌병대는 '반군부파'였던 그와 홀 박사의 관계를 의심하였던 것이다. 아무튼 '2.26 사건' 이후부터 군부는 일본 정치에 막강한 영향력을 끼치기 시작하는데, 이러한 점들은 차치하고라도 당시 홀 박사에 대한 탄압 그 자체와 형량의 언도가 군부의 영향력 하에서 자행되고 있었음을 명확히 확인할 수 있다.

그러던 중 1940년 10월 9일에 미국정부는 한국 내의 미국 국적을 가진 모든 사람, 특히 여성과 어린이들은 철수하라는 훈령을 내렸고, 이를 위해 11월 6일에 두 척의 여객선을 제물포에 파견한다는 소식을 홀 박사는 접하게 되었다. 당시, 영국 총영사인 제럴드 핍스(G. H. Phipps)도 월말까지 영국 국적의 사람들에게 본국으로의 귀국을 종용하기 시작하였다고 홀 박사는 자서전에서 밝히고 있는데(『조선회상』, 689쪽), 실제로 1939년에 이미 유럽에서 독일에 의한 침략전쟁이 시작되었고, 또 아시아 시역에서도 일본에 의한 전쟁이 예견되고 있었기 때문에 미국 국무성은 1940년 5월 15일자로 "전쟁 지역에 있는 미국인들에게 위험을 알리고 그곳을 떠나도록 요청하는 것은 정부의 의무"[35]라는 성명을 발표하고 있었다. 또한, 미국 북장로회 선교본부에서도 미국 영사의 권고를 받아 선교사의 부분적 철수, 즉 어린이와 어린이를 동반한 여성들의 철수와 건강이 좋지 않은 선교사들의 앞당긴 휴가 등을 승인하는 전보를 1940년 10월 21일자로 보내고 있었으며, 미국 감리교 선교부실행위원회도 22일자로 잔무처리 위원 5명만 남기고 전원의 철수에 대한 결정 사실을 미국 선교본부에 전보로 알리고 있었다.[36] 자서전에는 11월 중순 마리포사 (Mariposa) 호가 219명의 미국인을 싣고 한국을 출발한 것으로 언급되고 있는데(『조선회상』, 691쪽), 이들이 철수하게 된 이유는 일제의 선교사 교회에 대한 탄압과 전쟁발발에 대한 우려, 그리고 미국의 철수 권고가 있었기 때문이었다.[37]

그러나 홀 박사는 재판이 완전히 끝나지 않았기 때문에 해주를 떠날 수 없었고, 어떻게 해서든 이 사건을 마무리해야 했기에 1932년 씰의 남대문 도안을 변경토록 했던 오다 야스마를 만나 상담을 하게 되었다. 이때 오다의 견해, 즉 군부의 압력만이 재판을 좌우할 수 있으며, 더 이상 법정에서 해결할 생각은 하지 않는 것이 좋을 뿐만 아니라, 상소하면 사태를 악화시킬 뿐이라는 언급(『조선회상』, 690쪽)에 따라 벌금을 내고 출국하기로 결정한 것이다. 더욱이 출국을 즈음해 미국의 선교위원회로부터 인도에서의 선교활동에 대한 권유도 있었기에 즉시 회답을 보내 인도행을 결정했고, 결국 조선에서의 약 24년간에 걸친 봉사와 격동의 시간을 뒤로 하고, 1940년 11월에 부산항을 출발해 한국을 떠났다. 이로써 셔우드 홀에 의해 1932년부터 발행된 크리스마스 씰은 1940년 9번째 씰의 발행을 끝으로 중단되었으며, 이후 문창모 박사가 '한국복십자회'의 이름으로 씰을 발행했던 1949년까지 9년을 기다리지 않으면 안 되었다.

5. 맺음말

본장에서는 셔우드 홀과 그가 제작한 1932년부터 1940년까지의 크리스마스 씰을 소재로 삼아 씰의 발행 과정 속에 일본의 어떠한 통제가 있었는지를 1932년과 1940년의 씰 도안 변경을 통해 검토해 보았는데, 다음의 두 가지로 정리할 수 있다.

첫째, 셔우드 홀 박사가 해주구세요양원에서 1932년에 발행한 첫 번째 씰은 원래 거북선 도안이었지만, 일본 측의 승인 거부로 인해 남대문으로 변경되었고, 여기에 한국의 민족정기를 말살하려고 하는 일본의 통제가 존재하고 있었다는 점이다. 즉, 홀 박사는 거북선이 도요토미 히데요시의 조선침략 때 일본군을 무너트린 가장 대표적인 군사력의 표상이었기 때문에 결핵이라는 적을 물리치는 소재로서 도안을 설정했으나, 일본 측은 거북선의 민족적이고 반일적인 성격을 문제 삼아 씰의 발행을 금지시켰던 것이다. 씰 발행의 목적을 볼 때, 당연히 결핵퇴치를 위한 순수한 동기가 작용하고 있었지만, 반일적인 요소나 식민지였던 한국의 민족적 자긍심을 높일 수 있는 요소가 있다면 씰이라고 할지라도 용인될 수 없었던 당시의 통제된 사회상의 한 단면을 엿볼 수 있다. 또한, 본고에서는 이러한 통제에 직접 관여하고 있었던 일본 측의 인물이 비로 인본 총독부에서 외사업무를 담당하고 있었던 오다 야스마(小田安馬)라는 고위 통역관이었다는 점도 명확히 밝혀냈다.

둘째는 1940년 일제강점기의 마지막 씰의 발행 과정에 보이는 일본 군부의 도안 통제와 홀 박사의 반강제적 추방에 관한 문제이다. 1937년 중일전쟁 이래로 1940년에 들어와서는 침략전쟁이 본격화되기 시작한 직전의 시기였기 때문에 한국 내에서는 서양 선교사들이나 외국인들에 대한 통제와 감시가 강화되었고, 또 많은 외국인들이 체포 구금되었던 시기였다. 따라서 1940년에는 홀 박사에 대한 감시와 통제도 강화되는데, 이 때 발행된 씰 또한 마찬가지로 통제의 대상이 되고 있다. 즉, 1940년에는 관할 행정청의 허가를 받아 씰의 인쇄까지 끝마쳤으나 군부에서는 이를 전부 압수했고, 압수한 이유는 본고에서 검토한 바와 같이 씰 도안상 높이 20미터 이상은 보여서는 안 된다는 눈 덮인 산과 마을, 서력 연도의 사용금지라는 말도 안 되는 것이었다. 한마디로 어떻게 해서든 홀 박사에게 스파이 혐의를 뒤집어씌워 처벌하려고 한 것이다. 여기에는 홀 박사와 반군부적 입장을 취하고 있던 전 조선총독 사이토 마코토(齋藤實)와의 관계를 의심한 육군헌병대의 의도가 내재되어 있었다. 그러나 초판 씰의 도안 변경은 씰 전면에 대문을 설정하고, 서력을 'NINTH YEAR'라는 아홉 번째 씰을 표기하는 것만으로도 허가를 내주고 있어 씰의 도안 통제와 도안 변경에 관한 일본 군부의 압박은 홀 박사를 탄압하기 위한 피상적인 것이었다는 것을 확인할 수 있다.

한편, 홀 박사에 대한 스파이 혐의는 군부에 의해 재판으로 넘겨졌고, 결국 엉터리 재판에서는 벌금 1,000달러의 판결을 받고 모든 재산을 처분하여 벌금을 내고 있는데, 일본 군부의 반강제적 추방을 염두에 둔 탄압이었다고 평가할 수 있다. 물론, 이러한 사실을 파악하고 있던 미국의 선교위원회로부터 인도로의 선교활동에 대한 권유도 있었고, 또 미국에서는 전쟁에 즈음하여 미국인에 대한 본국송환 조치가 이루어지고 있었기에 출국할 수밖에 없었지만, 한국에서 계속적인 의료와 선교활동을 목표로 두고 있었던 홀 박사에게 일본 군부의 탄압과 통제는 한국 크리스마스 씰의 중단을 초래했다.

끝으로 그의 자서전 마지막 부분에는 해주에서 환송연 때 한국 친구들이 준 태극기를 출국하는 부산항 근처의 나뭇가지에 걸어 놓고 가족들 다섯 명이 '만세'를 부르는 장면을 언급하고 있는데, 친일파가 득세했던 참혹한 시기에 서양인 선교사의 이렇게 과감하고 역동적인 활동을 어떻게 평가해야 하는가에 대한 고민을 해보며 마무리하고자 한다.

우리 가족 다섯 명 중 네 명은 조선에서 태어났다. 메리안도 생애의 전성기를 조선에 바쳤다. 나는 가족에게 조선의 국기인 태극기를 향해 마지막 인사를 하자고 했다. 우리 가족은 목소리 높여 '만세'를 외쳤다. 조선의 진정한 국기에 '만세'를(『조선회상』 711쪽).

1 이창성, 「韓國의 크리스마스 씰 夜話(1)~(9)」, 『보건세계』37-6~38-2, 대한결핵협회, 1990-1991.

2 남상욱, 「씰 단상(斷想)-한국 최초의 씰 이야기」, 『보건세계』56-5, 대한결핵협회, 2009 ; 동, 「씰 단상(斷想)-일제시기의 씰 디자이너 "엘리자베스 키스"의 예술세계」, 『보건세계』57-1 2, 대한결핵협회, 2010a ; 동, 「운보 김기창 화백이 씰 디자이너?」, 『보건세계』57-5, 대한결핵협회, 2010b ; 동, 「씰 단상(斷想)-1935년 씰의 도안자는 누구인가?」, 『보건세계』57-6, 대한결핵협회, 2010b.

3 이종학, 『肺結核:問答式』, 壽文社, 1958, 164-165쪽 ; 金光載, 「한국 크리스마스 씰의 研究」, 『대한우표회회보』127, 대한우표회, 1961, 5-8쪽 ; 현광열, 「크리스마스 씰 얘기」, 『새가정』11-12, 새가정사, 1968, 27쪽 ; 송호성, 「크리스마스 씰」, 『새가정』166, 새가정사, 1968, 34-35쪽 ; 이희대, 『久遠의 醫師像』, 博愛出版社, 1974, 265-267쪽 ; 장완두, 「表現技法으로 通해 본 韓國의 크리스마스 씰 연구」, 중앙대학교예술대학원 공예디자인학과 석사학위논문, 1998 ; 미국폐협회 저 · 조근수 역, 「크리스마스 씰이라는 이름의 십자군」, 『보건세계』39-10, 대한결핵협회, 1992, 8-11쪽.

4 Stephen J. Hasegawa, Dr. Sherwood Hall's Christmas & New Year Seals of Korea: 1932-1040, Personal publications, 2006, pp.1-78. 본 도록은 개인 제본 도록으로 출판사가 명기되어 있지 않다. 현재 하세가와 씨는 스티븐 하세가와(Stephen 長谷川)로 개명.

5 세계 최초의 덴마크 크리스마스 씰(필자 소장). 이하 특별히 소장처를 명기하지 않은 자료는 필자가 소장한 것이며, 필자가 소장하지 않은 자료에 대해서는 소장자나 소장처를 명기한다.

6 대한결핵협회, 『한국의 크리스마스 씰』, 대한결핵협회, 2010, 10-11쪽 ; 대한결핵협회, 『한국의 크리스마스 씰』, 대한결핵협회, 2013, 8-13쪽 ; 대한결핵협회, 『세계의 크리스마스 씰』, 대한결핵협회, 1989. 이하 세계의 크리스마스 씰에 대한 내용은 상기 자료들을 참조.

7 Dick Green, Green's Catalog of the Tuberculosis Seals of the World: Part III(Foreign Seals), The Christmas Seal and Charity Stamp Society, 1983. 이 도록은 딕 그린(Dick Green)의 1930년 크리스마스 씰 도록을 'The Christmas Seal and Charity Stamp Society'에서 설명을 추가한 개정판으로 본서에서 언급한 각국의 최초 크리스마스 씰 발행과 내용에 대해서는 이 자료를 참조하였음.

8 Sherwood Hall, THE STORY OF KOREA'S FIRST CHRISTMAS SEAL, Y. M. C. A Press, 1933, pp.5-15. ; 셔우드 홀, 앞의 책, 520쪽.

9 셔우드 홀 저·김동열 역, 『닥터 홀의 조선회상』, 좋은씨앗, 2003, 517-518쪽. 이후 본문에서는 『조선회상』으로 약칭하여 사용함.

10 Sherwood Hall, op, cit., pp.5-15.

11 서원석, 「미국 스미소니언 박물관 탐방기-홀 박사가 기증한 한국 크리스마스 씰을 찾아서」, 『보건세계』40-6, 대한결핵협회, 1993, 12-17쪽. 도안의 왼쪽 상단에는 "이순신은 한국의 가장 유명한 장군이다. 그는 커다란 거북이와 같이 생긴 세계 최초의 철갑선을 발명하여 일본의 침략을 격퇴시켰다. 이순신 장군의 노련함과 지혜로 인해 세 번의 침략 시도는 실패로 끝났다."(Lee Soon Sin is Korea's most famous general. He repelled the Japanese invasion by inventing the world's first ironclad ship which looked like a giant turtle. Thbee[원문 그대로지만, 'Three'의 오기로 생각됨] attempted invasions failed because of the cunning and intelligence of general Lee.) 이 원본은 스미소니언에 소장되어 있고, 사본은 현재 서원석의 손자 서동욱이 소장하고 있다. 필자가 사본을 확인한 결과 문구는 그림 위에 별도의 용지로 붙여져 있는 것으로 원본은 그림만이며, 뒷면에 설명이 기입되어 있던 것을 서원석이 복사하여 붙인 것으로 보인다. 이는 서원석이 남긴 스미소니언 복사물(서동욱 소장)에 "See historical note attached th back of design."이라는 문구로 부터도 알 수 있다.

12 서원석, 「한국의 크리스마스 씰」, 서원석 개인자료집, 2-3쪽.

13 "The 'Tortoise Boat'-replica of ironclad battleships used by Korea against Japan in Jinhai Bay in 1592."

14 『조선회상』, 517쪽. 참고로, 지서진의 한글 번역문인 『조선회상』에는 '우다 야스마'

가 '오다 야스마츠'로 되어 있지만, 자서전 원문에 의하면 'Mr. Yasuma Oda'로 되어 있어 '오다 야스마'가 정확한 이름이다(Sherwood Hall, With Stethoscope in Asia : KOREA, MCL Associates, 1978. p.434.). 인용문 중의 '[ ]'기호는 필자에 의한 것임.

15 『朝鮮總督府及所屬官署職員錄』, 1932년도. 국사편찬위원회(http://db.history.go.kr).

16 朝鮮人事興信錄編纂部, 『朝鮮人事興信錄』, 朝鮮總督府, 1935, 73-74쪽.

17 『朝鮮總督府官報』제1571호, 6면, 1932년 4월 5일.

18 森田芳夫, 『朝鮮終戰の記錄:米ソ兩軍の進駐と日本人の引揚』, 巖南堂書店, 1964, 268쪽.

19 남대문 초판 씰이 발행된 후 씰 발행 5주년을 기념하여 1936년에 재판 씰이 다시 발행되고 있는데, 그간 1937년으로 잘못 알려졌으나, 남상욱에 의해서 1936년이라는 것이 밝혀지고 있다(남상욱, 앞의 논문, 2009, 참조).

20 따라서 발행된 씰의 앞면에는 '1932-1933'과 같이 2년에 걸쳐 년도가 표시되어 있다.

21 1932년-1940년도 해주구세요양원의 홍보인쇄자료 등에 대해서는 본서 제3장을 참조.

22 엘리자베스 키스 저·송영달 역, 『키스 동양의 창을 열다』, 책과 함께, 2012, 222-223쪽.

23 엘리자베스 키스, 엘스 K. 로버트슨 스콧 저·송영달 역, 『영국화가 엘리자베스 키스의 코리아 1920 1940』, 책과 함께, 2011, 7-24쪽 ; 심영옥, 「엘리자베스 키스의 시각으로 본 한국인의 모습과 풍속의 특징 분석」, 『동양예술』21, 한국동양예술학회, 2013, 48-49쪽.

24 국립현대미술관, 『푸른 눈에 비친 엘리자베스 키스 展』, 국립현대미술관, 2006 ; 엘리자베스 키스 그림·배유안 글, 『영국화가 엘리자베스 키스 그림에서 우리 문화 찾기』, 책과함께, 2008.

25 『조선회상』, 566-568쪽 ; Elsie Ball, THE PRESIDENT WRITES A LETTER, HAIJU, haiju korea, 1935. 끝의 자료는 1935년도 씰 홍보용 책자 중의 하나로 9쪽으로 구성되어 있으며, '혜순'과 루즈벨트 대통령의 편지를 소제로 하고 있음.

26 Sherwood Hall, THE STORY OF KOREA'S FOURTH CHRISTMAS SEAL CAMPAIGN, haiju korea, 1936.

27 황해도 도지사에 대해서 원문에는 'Chong Quo Won'이라고만 되어 있으나, 『朝鮮總督府官報』(1933년 4월 12일)에 의하면, 鄭僑源이며, 그는 1933년부터 황해도의 道知事에 임명되고 있었다. 또한, 홀 박사 자서전의 번역본에는 도지사 원씨로 되어있는데, 이것은 잘못된 것이다(『조선회상』, 537쪽).

28 김승태·양현혜, 「한말 일제강점기 일제와 선교사의 관계에 대한 연구(1894-1910)」, 『한국기독교와 역사』6, 한국기독교역사연구소, 1997, 67쪽.

29 현재까지 초판 씰은 하세가와에 의하면 2006년 시점까지 전 세계적으로 직접 확인한 것만 47매뿐이 없으며, 미확인을 포함해서 55매가 넘지 않을 것이라고 추측하고 있는데(Stephen J. Hasegawa, ibid., pp.29-30.), 남상욱은 60-70매의 씰이 남아 있을 것으로 추정하고 있다(남상욱, 「씰 단상(斷想)-일제시기 1940년 씰 도안의 미스터리(1회)」, 『보건세계』631, 대한결핵협회, 2010a, 35-39쪽).

30 대한결핵협회, 『한국의 크리스마스 씰』(앞의 책), 34-35쪽.

31 이것은 홀 박사가 키스 여사에게 도안 변경을 부탁했을 때, 도안이 변경될 경우, 절대 자신의 서명을 쓰지 않도록 하겠다는 의향에 따른 것으로 보인다.(『조선회상』, 682쪽)

32 남상욱, 「씰 단상(斷想)-일제시기 1940년 씰 도안의 미스터리(2회)」, 『보건세계』632, 대한결핵협회, 2010b, 36-41쪽.

33 Richard Miles, ELIZABETH KEITH-The Printed Works, Pacific Asia Museum, 1991, p.46.

34 국립현대미술관, 앞의 책, 38쪽.

35 The Korea Mission Field, The Basis of Withdrawal, The Korea Mission Field, March, 1941, p.34.

36 김승태, 「1930 40년대 일제의 선교사에 대한 정책과 선교사의 철수 송환에 대한 소고」, 『한국기독교역사연구소소식』75, 한국기독교역사연구소, 2006, 52쪽.

37 이만열 엮음, 『신사참배문제 영문자료집 I-미국국무성극동국문서편』, 한국기독교역사연구소, 2003, 497-499쪽 , 김승태, 앞의 논문, 52쪽.

제 3 장
해주구세요양원의 결핵퇴치
홍보인쇄자료의 분류와 성격

1. 머리말

본서 제1장에서도 언급한 사항이지만, 해주구세요양원은 홀 박사가 설립한 한국 최초의 결핵전문 요양병원으로 결핵치료와 퇴치를 위한 기금확보를 위해 1932년에 한국 최초의 크리스마스 씰인 남대문 도안의 씰을 발행하였다. 그렇기 때문에 해주구세요양원에 대한 연구는 대부분 크리스마스 씰(이하 '씰'로 약칭)의 발행이나 도안이 중심이었고, 의료사나 의사학적인 분야에서의 연구[1]는 극소수에 불과하다.

더욱이 해주구세요양원이 한국의 크리스마스 씰 발행이라는 결핵퇴치활동뿐만이 아니라, 결핵사(結核史) 분야에서나 선교병원으로서의 선구적인 역할이 있었음에도 기초적 단계의 건립 과정과 규모 및 운영 실태에 대해서 최근에 들어와 연구가 추진되었을 정도이며,[2] 특히 기초연구라고 할 수 있는 해주구세요양원에서 발행한 결핵예방과 퇴치를 위한 수많은 홍보인쇄자료들에 대해서는 종합적인 소개와 분류조차 이루어지지 않았다.

이렇게 해주구세요양원의 결핵관련 홍보인쇄자료에 대한 연구 부재의 현상이 일어날 수밖에 없는 원인의 첫째는 요양원의 관련 자료들이 이미 80여년이라는 상당한 시간이 흘러 거의 남아있지 않다는 희소성의 가치를 지니고 있고, 둘째는 이로 인해 개개의 연구자들이 일일이 수집하기에 부담을 느낄 수밖에 없는 고가의 가격대가 형성되어 있다는 점이다. 셋째는 희귀성으로 인해 몇몇 전문 수집가의 손에 들어가면 특별한 경우를 제외하고는 거의 세상에 공개되지 않는다는 점도 하나의 큰 원인으로 들 수 있다. 그렇기 때문에 박물관에서조차 열람할 수 없는 현상이 벌어지고 있다.

본고에서 이들 자료에 대해서는 명확히 분류·검토하겠지만, 요양원에서 발행한 결핵예방과 퇴치, 그리고 결핵 계몽활동과 관련된 인쇄홍보자료는 1932년부터 1940년까지 다종다양한 특성을 가지고 발행되었다. 다만, 이러한 홍보자료의 발행에 다른 무엇보다도 중요했던 점은 결핵환자를 포함한 식민지 조선의 민중들에게 쉽게 받아들여지고, 그 계몽의 내용을 보다 폭넓고 빠르게 확산시켜야 한다는 점이었다. 따라서 씰과는 별도로 민중들이 쉽게 이용할 수 있는 홍보인쇄자료들을 발행하였는데, 여기서 크게 분류해서 소개하면 다음과 같다.

우선, 비매품으로 순수한 홍보인쇄자료라고 할 수 있는 홍보용 소책자, 모금용 편지, 촛불 봉투와 씰 봉투, 씰 발행 안내서가 있고, 다음으로 결핵기금을 확보하기 위한 판매품의 카드와 엽서, 한지연하장과 목판연하장, 보건증권, 포스터, 기타 홍보물(달력과 퍼즐 맞추기) 등이 있는데, 거의 100여종 이상이다. 이들 자료는 영문과 국문으로 인쇄되기도 했는데, 영문으로 인쇄된 것은 국내의 외국인들과 외국으로의 홍보 및 판매가 목적이었으며, 국문으로 된 것은 국내에서의 홍보 및 판매를 위한 것이었다.

이들을 전부 수집하여 분류·조사하는 것은 상당한 노력과 시간이 투입되며, 또 전문수집가들 사이에서도 귀중품으로 취급되고 있기에 사진조차 입수하기 힘들 때도 있다. 하지만 다행히도 필자는 이전부터 크리스마스 씰과 관련해 해주구세요양원의 자료들을 수집해왔고, 이외에 국내외 우표, 일제강점기의 사진그림엽서(繪葉書) 등도 수집하고 있었는데, 최근에 들어와 해주구세요양원의 홍보인쇄자료의 일부를 제외하고, 거의 대부분 수집하였다. 물론, 오로지 개인의 수집에 의존할 수밖에 없다는 한계로 인해 누락된 자료가 몇 종 있는데, 이 누락 자료는 소장자의 양해를 얻어 이용했다. 자료의 수집은 이전부터 소장하고 있던 것 이외에 지난 7-8년간 국내외 전문수집가로부터 직접 구입하거나 또는 국내의 코베이(kobay)와 외국의 이베이(ebay), 델캄페(delcampe), 미첼 로저스(Michael Rogers Inc)를 비롯한 해외의 전문 옥션이나 인터넷에서의 입찰 등을 통해 수집했음을 밝혀 두며, 다음과 같은 목적을 가지고 본고를 검토해보고자 한다.

첫째는 전술한 바와 같이 1932년부터 1940년까지 해주구세요양원에서는 다양한 결핵예방과 홍보자료들을 발행하였는데, 이들을 어떻게 분류할 것인가에 대한 검토이다. 둘째는 각기 자료들의 발행시기와 함께 이들 자료가 어떠한 성격을 가지고 변화되었는지 비매품과 판매품으로 구분하여 검토하는 것이다. 물론, 이들 자료가 가지고 특성과 의미도 살펴보겠지만, 본고의 가장 큰 목적은 학계에 지금까지 소개되지 않았던 해주구세요양원의 자료를 종합적으로 소개하는 것이며, 식민지 조선에서 일본의 결핵대응책이나 역사학적 분석을 시도하는 논증이 아니라는 점도 부언해두고 싶다. 이러한 점에서 희귀 자료의 단순 소개라는 측면, 또 필자 개인의 취미에 치우쳐 있다고 여겨질 수도 있지만, 일제강점기 결핵 퇴치의 정점에 서있었던 해주구세요양원의 귀중한 홍보인쇄자료의 가치성을 높인다는 의미, 나아가 해주구세요양원의 결핵관련 자료에 대한 학계의 관심을 높인다는 점에 의미를 부여해보며 고찰해보고자 한다.

2. 비매품의 결핵퇴치 홍보인쇄자료

1) 홍보용 소책자

해주구세요양원에서 발간된 결핵퇴치를 위한 홍보인쇄자료들의 대부분은 1932년부터 1940년까지 발행된 크리스마스 씰의 도안과 밀접한 관련이 있다.[3] 이러한 홍보인쇄자료들은 크게 순수한 결핵예방과 퇴치를 위한 비매품과 판매품으로 분류할 수 있고, 머리말에서 언급한 바와 같이 비매품에는 ①홍보용 소책자, ②모금용 편지, ③촛불 봉투와 씰 봉투, ④씰 발행 안내서 등의 네 가지가 있는데, 이하 순서에 따라 자료의 성격과 시기별 변화의 특징을 검토해보겠다.

우선 소책자를 보면, 이에 대한 명칭이 명확하게 언급된 자료는 없지만 결핵예방과 퇴치를 홍보한 것이기에 본고에서는 '홍보용 소책자(Promotional Booklet)'로 명명하여 사용한다. 현존하는 것은 1932년부터 1935년까지의 소책자이며, 1932년 최초의 남대문 씰이 발행된 이후 씰의 홍보, 폐결핵 박멸운동 후원회의 씰 캠페인과 판매, 그리고 외국으로부터의 기부금과 판매 현황에 대한 편지글 등이 영문으로 수록되어 있는데, 현재는 수집할 수 없을 정도로 귀한 자료들이다. 이러한 소책자들은 선교회의 의료와 업적에 대한 홍보 또는 선교활동을 위해 발행했던 [자료1][4]의 소책자와 같은 형식이다.

[자료1]은 홀 박사의 모친으로 한국의 의료 사업에 평생을 바친 로제타 셔우드 홀(Rosetta Sherwood Hall) 여사의 의료 활동과 선교를 홍보한 책자로서 가족사진 등을 포함하고 있으며, 소책자의 제목에서 알 수 있듯이 로제타 여사는 '평양의 어머니'라고도 불렸다. 해주구세병원에서도

[자료1] 『The Mother of Pyong Yang』

[자료2] 『A Mother's Faith』

[자료3] 『THE STORY OF KOREA'S FIRST CHRISTMAS SEAL』

[자료4] 『THE STORY OF KOREA'S 1933 CHRISTMAS SEAL CAMPAIGN』

MEDICAL MISSION WORK

HAIJU, KOREA

[자료5] 『MEDICAL MISSION WORK』

[자료6] 『THE STORY OF KOREA'S THIRD CHRISTMAS SEAL CAMPAIGN』

CAMPAIGN NEWS FROM THE FRONT

The 1934 Christmas Seal Campaign was officially opened on November 7th by the Governor of Whang Hai Province who bought the first seal "as an example to his people." Soon after, a radio broadcast from J O D K, Seoul, told the Christmas Seal story and pertinent facts about tuberculosis and its prevention to the radio public of the orient. The newspapers and magazines also gave liberal space to make the campaign known to the reading public.

A number of new Local Chairman came with fresh zeal to add their talent and enthusiasm and this additional help was heartily welcomed by all. This all has brought about splendid results. It looks now as though an unprecedented achievement is about to happen,—more seals and cards sold before Christmas than at New Year's last year. In the past the peak of the campaign has been around New Year's time so far as the Koreans were concerned.

The committee is greatly encouraged by the way the Koreans themselves are catching the spirit of the campaign. Already many have volunteered to sell seals. A former sanatorium patient sent in an S O S for 20,000 seals for which he had taken orders. Many schools, including non-Christian schools, have sent in for seal supplies.

[자료7] 『CAMPAIGN NEWS FROM THE FRONT』

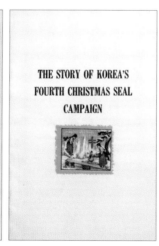

[자료8] 『THE STORY OF KOREA'S THIRD CHRISTMAS SEAL CAMPAIGN』

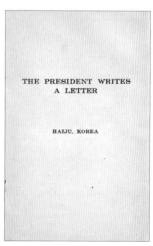

[자료9] 『THE PRESIDENT WRITES A LETTER』

홀 박사의 부인 메리안 버텀리 홀(Marian Bottomley Hall)이 홀 박사와 함께 의료 활동에 종사하며, 한국 여성 이 씨 부인(Mrs. Yi)의 병에 걸린 아들에 대한 헌신적인 사랑과 그리스도에 대한 신앙을 기록한 [자료2]의 소책자『어머니의 믿음(A Mother's Faith)』[5]을 발행하고 있었다.

한편, 해주구세요양원에서 발행한 홍보용 소책자는 거의 같은 형식으로 1932년에는『한국의 첫 번째 크리스마스 씰 이야기』([자료3]),[6] 1933년에『한국의 1933년 크리스마스 씰 이야기』([자료4])[7]와『의료선교사업』([자료5]),[8] 1934년에『한국의 세 번째 크리스마스 씰 이야기』([자료6])[9]와『최전선에서의 캠페인 뉴스』([자료7]),[10] 1935년에『한국의 네 번째 크리스마스 씰 이야기』([자료8])[11]와『대통령이 쓴 편지』([자료9])[12] 등의 자료가 남아 있다.

특히, 요양원의 남대문 도안의 첫 번째 크리스마스 씰 홍보용 소책자인 1932년의『한국의 첫 번째 크리스마스 씰 이야기』(11쪽)에는 한국 최초의 씰을 구입한 사람이 배재학당의 아펜젤러 목사라는 흥미로운 사실도 기록하고 있다.[13] 또한 1934년에는 별도로 발행된 소책자 [자료7]은 [자료6]과 거의 같은 내용으로 일부가 생략된 형태로 구성되어 있으며, 1935년에 별도로 발행된 [자료9]의『대통령이 쓴 편지』는 결핵환자로 요양원에 입원해 있던 혜순이라는 소녀 환자에게 미국의 루즈벨트 대통령이 격려의 편지를 써주게 됨으로써 결핵을 완치했다는 이야기를 홍보한 소책자이다.[14] 이들 소책자는 전부 영문으로 인쇄되었는데, 국내 거주 외국인이나 해외의 외국인들에게 해주구세요양원의 홍보와 함께 결핵 기금 확보를 위해 발행한 것으로 초창기 해주구세요양원의 전모를 파악하는데 없어서는 안 될 소중한 자료들인데, 내용에 대한 상세한 검토와

海州懿昌普通學校
HAIJU CHRISTIAN
BOYS' SCHOOL

海 州 救 世 病 院
NORTON MEMORIAL HOSPITAL
HAIJU. KOREA

海 州 救 世 療 養 院
SCHOOL OF HYGIENE
FOR THE TUBERCULOUS

April 12th, 1935

Dear Friend,

Thank you very much for your kind letter and most
interesting enclosures for which we wish to heartily to
thank you. It is, indeed, most consider and thoughtful
for you to remember us in this way, and if we can any time
be of service to you, please let us know.

I enclose a few recent commemoratives, and as only
a few were issued they should be quite rare.

Cordially yours,

Sherwood Hall

[자료10] 1935년 홀 박사 친필 편지지(213mm×275,5mm)

분석은 본고의 남겨진 과제와 함께 금후의 과제로 삼겠다.

2) 모금용 편지

모금용 편지는 1932년 12월 3일에 최초의 '남대문' 씰을 발행한 후 씰을 외국에 홍보함과 동시에 결핵퇴치를 위한 기부 및 씰의 구매를 요청하기 위해 제작된 것으로 1932년 첫해부터 1940년까지 매년 제작되었다([자료11-20]). 하세가와는 이를 '편지용지(Letter Sheet)'라고 분류하고 있는데,[15] 보다 정확한 표현은 크리스마스 씰 '모금용 편지(Fundraising Letters)'가 보다 적확한 표현으로 생각된다. 이유는 [자료10]에 보이는 바와 같이 '편지용지(Letter Sheet)'가 있었기 때문이다. [자료10]은 지금까지 전혀 소개되지 않은 것으로 상단에 해주의창보통학교, 해주구세병원, 해주구세요양원의 기관명이 한자와 영문명으로 인쇄되어 있고(홀 박사가 의창보통학교 교장과 나머지 두 기관의 원장을 맡고 있었기 때문임), 나머지는 백지상태로 홀 박사가 개인 편지지로 이용하기 위해 만든 것이다.

모금용 편지의 대략적 형식은 'CHAMPION BOND'라고 새겨진 투문용지(일부 연도 제외)에 상단 중앙에는 해주구세요양원의 한자명과 영문명이 크게 인쇄되어 있고, 상단 좌측에는 요양원의 고문의사(1934년부터는 실행위원회 의장과 임원 및 홀 박사의 주소가 추가적으로 인쇄되어 있는 경우도 있음), 상단 우측에는 요양원에 소속되어 있던 주치의 명단이 인쇄되어 있다.

내용은 대부분 당해 연도 한국 씰의 홍보와 도안 내용, 또 결핵예방과 퇴치를 위해 씰을 판매하니 구입을 의뢰한다는 내용, 그리고 해주구세요양원의 활동 내역과 홍보 등이며, 대부분의 경우 해주구세요양원의 크리스마스 씰 위원회 위원장 홀 박사의 명의로 해외 곳곳으로 발송되었다.

黃海道海州救世療養院

SCHOOL OF HYGIENE FOR THE TUBERCULOUS
(KOREA'S FIRST TUBERCULOSIS SANATORIUM)
HAIJU, KOREA

DR. SHERWOOD HALL
SUPERINTENDENT

KOREA'S FIRST CHRISTMAS SEAL SALE 1932
HEALTH AND GOOD-WILL !

CONSULTING PHYSICIANS
DR. J. D. BIGGER, PYENGYANG
DR. A. G. ANDERSON, PYENGYANG
DR. S. H. MARTIN, SEOUL
DR. A. G. FLETCHER, TAIKU
DR. L. C. BRAND, CHUNJU
DR. E. ANDERSON, WONSAN
DR. NANCY BORROW, YOJU
EVANGELIST
REV. H. K. OH
BIBLE WOMAN
TAIHE KIM

ATTENDING PHYSICIANS
DR. MARIAN B. HALL
DR. Y. J. KIM
DR. H. CHUN
TECHNICIAN
P. S. KIM
HEAD NURSE
UNA IM, R. N.

Dear Friend,

Buying Christmas Health Seals has become a beautiful custom in many lands.

Will you help introduce this beautiful custom to Korea and thus have a unique share in this pioneer work, where help in the fight against tuberculosis is so sorely needed.

Each gayly colored bit of paper represents health, happiness, and a chance for both body and soul to many unfortunate Koreans who have been exposed to Tuberculosis through no fault of their own.

The use of Christmas seals on holiday letter, cards, and packages will help mightily in the crusade against tuberculosis as well as to carry greetings of goodwill from friend to friend everywhere.

In buying Christmas seals you make a gift of health to many who are in need:- Little children are struggling for a chance to live, stricken men, compelled to look on as their wives and children battle for livlihood, and young women and youth yearning for the great adventure of life, halted at its threshold.

When you are planning the joys you will bring to your own dear ones, will you remember those just as dear to some one else whose Christmas is darkened by the dread disease tuberculosis?

The School of Hygiene for the Tuberculous will act as your agent in helping tuberculosis sufferers all over Korea and Manchuria and in preventing the spread of tuberculosis.

Have a historic share in Korea's First Christmas seal.

Buy all we have enclosed, if you can, and if you can increase your gift it will help so much the more. We get no Mission appropriation and the need is very great. Those seals you cannot use, you need not return and we hope you will kindly distribute these to your friends, as it will thus help further tointroduce the Christmas seal and spread the gospel of good-will.

With Season's Greetings

Yours sincerely,

Sherwood Hall
Chairman of Christmas Seal Committee.

[자료11] 1932년 모금용 편지(타입 I, 211mm×273mm, 홀 박사 친필 사인 기재)

그만큼 홀 박사의 크리스마스 씰을 이용한 결핵치료와 예방에 대한 열의를 느낄 수 있는데, 기본적으로 네 가지 타입이 있다.

타입Ⅰ은 편지의 내용이 원래부터 인쇄되어 있는 것, 타입Ⅱ는 내용 부분을 타자로 입력한 것, 또는 타자로 입력한 것에 홀 박사가 가필하여 사인 한 것, 타입Ⅲ은 내용 부분이 백지상태였다가 홀 박사가 직접 펜으로 내용을 기입한 것 등이 존재하는데, 타입Ⅱ나 Ⅲ의 경우는 홀 박사의 개인적인 내용도 보이고 있어 상당히 친분이 있었던 곳에 보낼 때의 형식으로 보인다. 타입Ⅳ는 1939년과 1940년의 모금용 편지인데, 해주구세요양원 표기의 인쇄가 사라졌으며, 일본에 의한 전시동원체제로 진입한 시기였기에 편지의 내용이 간단하고 편지지의 재질도 조악한 것으로 바뀌었다.

한편, 모금용 편지의 특징은 같은 연도의 편지라 하더라도 그 인쇄의 문구가 상이하거나 문구의 추가와 누락이 보이는 변종이 있어 다양한 형태들이 남아있다(이들에 대해서는 금후에 연구과제로 삼음). 그럼에도 불구하고 모금용 편지는 상당히 귀한 자료이며, [자료19]의 1939년과 [자료20]의 1940년의 자료는 지금까지 조사한 바에 의하면 일본의 수집가 스티브 하세가와(Steve 長谷川)[16]와 한국의 수집가 서동욱, 필자를 포함한 몇 명만이 소장하고 있다.

또 한 가지 점은 1938년 모금용 편지([자료18])의 경우 중앙의 연도 표기가 1936년으로 인쇄되어 있지만, 인쇄된 편지의 내용을 보면 1938년 크리스마스 씰인 김기창의 제기차기 씰 도안에 대한 내용이 언급되고 있는 것으로 보아 1938년 무렵에 만들어진 모금용 편지로 1936년은 인쇄 오류라는 점이다. 당시 홀 박사는 1938년 7월부터 1939년 9월까지 2

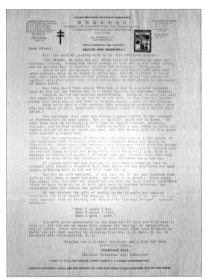

[자료12] 1933년 모금용 편지(타입 I , 215mm×361mm)

[자료13] 1934년 모금용 편지(타입 I , 216mm×279mm)

[자료14] 1934년 모금용 편지(타입 II , 216mm×279mm, 홀 박사 친필)

[자료15] 1935년 모금용 편지(타입 I , 214mm×277mm)

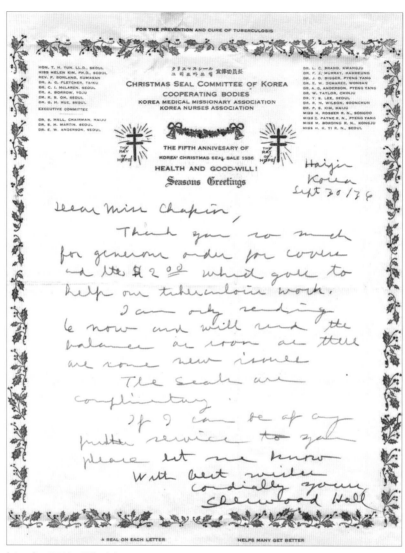

FOR THE PREVENTION AND CURE OF TUBERCULOSIS

クリスマスシール 宣傳委員長
그리쓰마쓰씰
CHRISTMAS SEAL COMMITTEE OF KOREA
COOPERATING BODIES
KOREA MEDICAL MISSIONARY ASSOCIATION
KOREA NURSES ASSOCIATION

HON. T. H. YUN, LL.D., SEOUL
MISS HELEN KIM, PH.D., SEOUL
REV. F. BORLAND, KUMASAN
DR. A. G. FLETCHER, TAIKU
DR. C. I. McLAREN, SEOUL
DR. A. BORROW, YOJU
DR. K. S. OH, SEOUL
DR. G. H. RUE, SEOUL

EXECUTIVE COMMITTEE

DR. S. HALL, CHAIRMAN, HAIJU
DR. S. H. MARTIN, SEOUL
DR. E. W. ANDERSON, SEOUL

DR. L. C. BRAND, KWANGJU
DR. F. J. MURRAY, HAMHEUNG
DR. J. D. BIGGER, PYENG YANG
DR. E. W. DEMAREE, WONSAN
DR. A. G. ANDERSON, PYENG YANG
DR. W. TAYLOR, CHINJU
DR. Y. S. LEE, SEOUL
DR. R. N. WILSON, SOONCHUN
DR. P. S. KIM, HAIJU
MISS H. ROSSER R. N., SONGDO
MISS Z. PAYNE R. N., PYENG YANG
MISS M. BORDING R. N., KONGJU
MISS H. K. TI R. N., SEOUL

THE FIFTH ANNIVESARY OF
KOREA' CHRISTMAS SEAL SALE 1936
HEALTH AND GOOD-WILL!
Seasons Greetings

THE RAY OF HOPE

Haiju
Korea
Sept 30/36

Dear Miss Chapin,

Thank you so much for generous order for covers and lts $2.00 which goes to help our tuberculosis work.

I am only sending 6 now and will send the balance as soon as there are some new issues.

The seals are complimentary.

If I can be of any further service to you please let me know

With best wishes
cordially yours
Sherwood Hall

A SEAL ON EACH LETTER   HELPS MANY GET BETTER

[자료16] 1936년 모금용 편지(타입Ⅲ, 215mm×279mm, 홀 박사 친필)

[자료17] 1937년 모금용 편지(타입Ⅰ, 217mm×279mm) [자료18] 1938년 모금용 편지(타입Ⅲ, 216mm×280mm)

Haiju, Korea
Christmas Season 1939

Dear Friends,

Our patients suffering from tuberculosis have been the hardest hit by the unprece-dented drought of last summer, as their meagre income has been reduced ; and due to their severe degree of undernourishment, at best their illness will be of longer duration and the number of applicants for free treatment greatly increased.

In fact those who were admitted to the Sanatorium before and were able to pay a little toward the cost of their treatment are unable to do so now and we have not the heart to turn them out in the midst of their treatment. We know we can count on you to come to their rescue.

Mr. E. W. New has designed the seal for this year which represents Korean chil-dren swinging standing up, which is the "Korean way." We are enclosing some of our missionary Christmas seals and any help you may care to give to aid these patients in their fight back to health will be most gratefully received. We pray that under the circum-stances you will make your contribution especially generous this year.

The seals you do not use you need not return, but kindly pass them on to some friend or Sunday School as messengers of good-will from far off Korea.

In case you or your friends wish to purchase more of our missionary seals which aid American medical missionary work in Korea you can secure them quickly and directly through one of Korea's pioneer medical missionaries—now retired—Mrs. R. S. Hall, M. D. Liberty, New York. A limited number of Christmas cards, folders and calendars are also available.

May God richly bless you and yours this Christmas Season.

Yours in His service
Sherwood Hall, M. D.
Chairman of the Christmas Seal
Committee

It is safest to send contributions by personal check on your own local bank or by bank draft or money order, payable to Sherwood Hall, Haiju, Korea.

[자료19] 1939년 모금용 편지(타입Ⅳ, 181mm×151mm)

c/o Board of Foreign Missions,
150 Fifth Ave.,
NEW YORK CITY, N. Y.,
U. S. A.

Dear Friends,

The life saving work of the missionary Christmas Seal committee must go on and in fact is more needed than even in these critical times. Tuberculosis is taking a mounting toll in Korea and we know you will agree there can be no let up in the fight against Tuberculosis anywhere.

Due to various factors this may be late in reaching you; but we know, that despite this, you will understand and we can count on your generous support and help now as in the past.

Miss Elizabeth Kieth at popular request is the designer of this year's Christmas Seal which represents two Korean children in holiday attire standing before an open gate bringing you the greetings of the Season.

We are enclosing some of the missionary Christmas Seals and any help you may care to give to aid these sufferers from tuberculosis will be gratefully received.

The Seals you do not want to use you need not return for though it is even past the Christmas season they will be of interest to some collecter friend or Sunday School as messengers of good-will from far off Korea.

In case you or your friends wish to purchase more of our missionary seals which aid American medical missionary work you can secure them quickly through one of Korea's pioneer medical missionaries—now retired—Mrs. R. S. Hall, M. D., Liberty, New York. A limited supply of Christmas cards, folders, and calendars are also available.

May God richly bless you this Christmas Season.

Yours in His service,
Sherwood Hall, M. D.
Chairman of the missionary
Christmas Seal Committee.

Please Note Due to the unsettled times, please send contributions only by personal check on your local bank or a bank draft payable to Sherwood Hall,

c/o Board of Foreign Missions
150 Fifth Ave., New York, N. Y.,
U. S. A.

Please place a five cent stamp on the envelope so it can be forwarded.

[자료20] 1940년 모금용 편지(타입Ⅳ, 201.5mm×267mm)

차 안식년 휴가를 얻어 많은 시간을 캐나다와 미국에서 보내고 있었기 때문에(『조선회상』, 621·639쪽) 1938년 편지인 [자료18]의 왼쪽 복십자 마크 하단 부분에 홀 박사의 선교 휴가 주소지였던 미국 뉴저지 주의 주소가 인쇄되어 있다는 것으로부터도 연도의 오류를 확인할 수 있다.

3) 촛불 봉투와 씰 봉투

해주구세요양원에서 발행된 편지 봉투는 ①1934년부터 봉투 앞면에 촛불장식이 인쇄되어 있고, 뒷면에는 크리스마스 선물상자가 인쇄되어 있는 통칭 '촛불 봉투', ②1937년부터 1939년까지는 해당 연도의 씰 2장이 봉투 앞면 왼쪽 하단에 인쇄되어 있는 '씰 봉투'의 두 종류가 존재한다. 또한, ③해주구세요양원의 원장이었던 홀 박사의 개인용 봉투([자료 21-1·2] 참조)도 여러 종류가 존재하지만, 이에 대해서는 금후에 검토하기로 하고, 일반에 상당히 유통되었던 봉투만을 대상으로 분류·정리하겠다.

이 봉투들에 대해 하세가와는 전술한 ①~③의 세 종류를 모두 "Dr. Hall's Personal Envelopes(홀 박사의 개인용 봉투)"로 통칭하고 있지만, 실제로 봉투를 보면 해주구세요양원의 주소만 있는 것, 홀 박사의 이름이 인쇄되어 있는 것, 추후에 홀 박사가 자신의 서명을 기입하거나 도장으로 이름만 날인 한 것 등 다양한 종류가 존재하며, 후술하는 1936년의 씰 발행 안내서의 뒷면(후술하는 [자료36])에 의하면 "편지지 30장과 봉투 특별가격 1¥(50C)"로 기재되어 있어 통상판매는 아니지만, 특별판매 형식으로 일반에게도 배부되고 있었기 때문에 이를 일괄적으로 '홀 박사의 개인용 봉투'라고 부르는 것은 적당하지 않다고 판단된다. 따라서 본고에서는 이들 봉투를 '촛불 봉투(Candle Envelope, CE)'와 '씰 봉투(Seal Envelope,

[자료21-1] 홀 박사의 개인용 서신 봉투(해주구세요양원 봉투, 157mm×93mm, 1935년[소화10] 4월 22일 해주관광인 날인), 홀 박사 친필

[자료21-2] 홀 박사의 개인용 서신 봉투의 뒷면(감리교 50주년 기념 씰 첩부)

[자료22-1] 촛불 봉투의 특성이 모두 인쇄된 봉투 앞면(HCE5, 158mm×92mm)

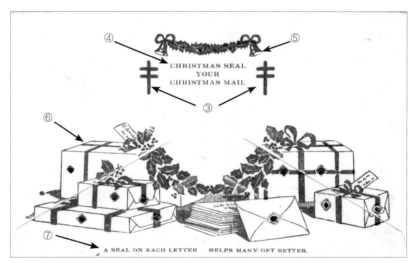

[자료22-2] 촛불 봉투의 특성이 모두 인쇄된 봉투 뒷면(HCE5)

SE)', '홀 박사 개인용 봉투(Dr. Hall's Personal Envelopes, HE)'로 분류하고 본
서에서는 개인용 봉투를 제외한 전자의 두 종류(①②)만 검토해보겠다.

[도표1] 촛불 봉투 5종의 특징과 분류

특징 / 분류기호	HCE1	HCE2	HCE3	HCE4	HCE5
①앞면 좌측 상단 복십자 마크 (✚)	○	○	○	×	○
②앞면 좌측 상단 홀 박사 주소 인쇄	○	×	○	×	○
③뒷면 상단 중앙 복십자 마크 2개	○	○	○	×	○
④뒷면 복십자 마크 사이에 문구	○	○	○	×	○
⑤뒷면 복십자 마크 상단에 장식	×	×	○	○	○
⑥뒷면 중앙에 선물보따리 장식	○	○	×	×	○
⑦뒷면 하단부 중앙에 영문 문구	○	○	×	×	○

　　우선 촛불 봉투를 보면, 복십자 마크, 홀 박사 주소, 문구, 장식의 유
무 등에 따라 5종류가 있는데, 각기 인쇄상의 특징은 [도표1]과 같다. 이
봉투는 '해주구세요양원(H)의 촛불 봉투(Candle Envelope)'라는 의미에서
HCE1-HCE5로 분류했으며, 각기 봉투가 언제 제작되었는지 현재까지
명확하지 않지만, 대체적으로 1934년부터 1937년 사이에 제작되었을 것
으로 추측하고 있다(본서에서는 3종만 소개).

　　한편, 1937·1938·1939년에는 크리스마스 씰 2장이 인쇄된 '씰 봉투'
가 발행되었다([자료25-28]). 1940년도에는 '씰 봉투'가 발행되지 않았기
때문에 총 3종류가 현존하는데, 이 봉투들은 주로 외국에 모금용 편지와
홍보물(소책자, 미니 포스터, 씰 발행 안내서 등)을 배송할 때 이용되었다. 1937
년 봉투의 경우 봉투 앞면 복십자 마크 왼쪽에 'KOREA'가 인쇄되어 있
는 것과 없는 것([자료25·26])이 있다.

[자료23-1] HCE1 앞면(1934년 12월 23일, 海州 소인, 157mm×92mm)

[자료23-2] 위의 HCE1 뒷면

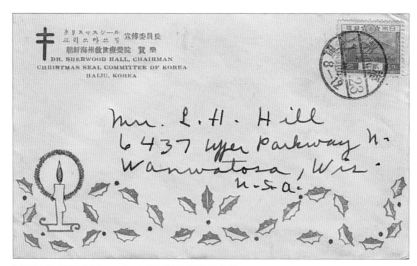

[자료24-1] HCE3 앞면(1936년[소화11] 11월 23일, 海州 소인)

[자료24-2] HCE3 뒷면(158mm×94mm)

[자료25-1] 1937년 씰 봉투 앞면(1938년 1월 11일, 복십자 마크 왼쪽에 KOREA 없음)

[자료25-2] 1937년 씰 봉투 뒷면(164mm×94mm)

[자료26-1] 1937년 씰 봉투 앞면(1937년 12월 25일, KOREA 인쇄)

[자료26-2] 1937년 씰 봉투 뒷면(168mm×93mm)

[자료27-1] 1938년 봉투 앞면(날짜 불명)

[자료27-2] 1938년 봉투 뒷면(173mm×94mm)

[자료28-1] 1939년 봉투 앞면(1939년 11월 13일)

[자료28-2] 1937년 씰 봉투 뒷면(164mm×94mm)

4) 씰 발행 안내서

이 '씰 발행 안내서'(이하, '발행 안내서'로 약칭)라는 명칭은 지금까지 '씰 도안설명서'로 불려왔고, 필자도 이 명칭을 사용해왔었다. 하시만, 낭해 연도 씰의 도안에 대한 설명뿐만이 아니라, 씰을 제작하게 된 과정부터 구매 의뢰, 기타 물품에 대한 판매 의뢰에 이르기까지 많은 내용들을 포함하고 있어 적절하지 않다고 생각하게 되었고, 씰 수집가 하세가와도 'Brochures for Announcement'라는 명칭을 사용하고 있어[17] 본서에서는 '씰 발행 안내서'라고 명명하여 사용한다.

한편, 이 발행 안내서([자료29-34])가 언제부터 언제까지 발행되었는지는 명확한 자료가 남아 있지 않아 확인이 불가능하지만, 현재 1936년도 엘리자베스 키스가 도안한 '연날리기' 씰부터 1939년 오스트레일리아의 선교사 에스몬드 월터 세실 뉴(Esmond Walter Cecil New, 한국명 柳永完)가 그린 '그네뛰기' 씰까지 4년도분의 '발행 안내서'가 존재한다. 씰을 누가

[자료29] 1936년 발행 안내서 소형(88mm×142mm, 뒷면 백지)

어떠한 의미로 도안했으며 도안된 놀이의 내용을 비롯해 일부는 당해 년의 씰 관련 판매품까지도 전부 영문으로 상세히 홍보하고 있다. 발행한 목적은 연날리기(1936), 팽이치기(1937), 제기차기(1938), 그네뛰기(1939) 등 한국의 민속놀이를 미국과 서유럽 국가에 소개하기 위한 것이며, 나아가서는 외국에서 씰의 판매고를 올리는 보조적인 역할로서 발행한 것으로 판단된다.

우선 1936년의 '연날리기' 씰 발행 안내서(KITE FLYING IN KOREA)에는 소형과 대형이 있는데, 소형은 앞면의 '연

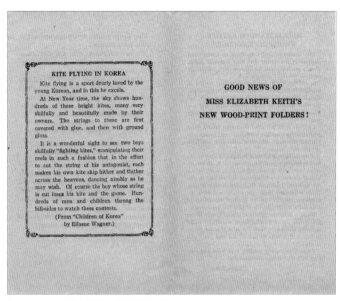

KITE FLYING IN KOREA

Kite flying is a sport dearly loved by the young Korean, and in this he excels.

At New Year time, the sky shows hundreds of these bright kites, many very skilfully and beautifully made by their owners. The strings to these are first covered with glue, and then with ground glass.

It is a wonderful sight to see two boys skilfully "fighting kites," manipulating their reels in such a fashion that in the effort to cut the string of his antagonist, each makes his own kite skip hither and thither across the heavens, dancing nimbly as he may wish. Of course the boy whose string is cut loses his kite and the game. Hundreds of men and children throng the hill-sides to watch these contests.

(From "Children of Korea"
by Ellasue Wagner.)

GOOD NEWS OF
MISS ELIZABETH KEITH'S
NEW WOOD-PRINT FOLDERS!

[자료30-1] 1936년 발행 안내서 대형 앞면(175.5mm×146mm)

MISS ELIZABETH KEITH'S
WOOD-PRINT FOLDERS

The Christmas Seal Committee of Korea takes pleasure in announcing that Miss Elizabeth Keith, Korea's much honored and beloved artist, has already designed the 1936 Christmas Seal.

In addition Mr. S. Sato, Japan's famous creator of wood-prints has made some very artistic Christmas folders. This lover of the artistic has brought out the vital quality of Miss Keith's design and has secured the desired colour effects in a remarkable way.

On these most attractive wood-print folders space is provided for inscribing your name and Christmas or Birthday Greeting. Also they make most attractive pictures for framing.

It would be well to place your orders early as it is hard to meet the great demand for Miss Keith's wood-prints and, as it is pains taking hand work, only a limited number can be supplied but we wish to give our generous Christmas Seal patrons first chance. Those who place their orders early will have the additional assurance of the personal supervision of Miss Keith and Mr. Sato in making the wood-prints.

We have made the price most attractive only 20 sen (10 cents) for a genuine Keith wood-print folder including envelope. Since the price is so low please include a little extra for postage and send your check in advance.

Please place, where possible, your order with your own local chairman or Sherwood Hall.

Haiju, Korea

Miss Keith's sister writes concerning the wood-print folders:

We are delighted with the Christmas wood-print folder. It is perfectly done. The printing is beautiful!

If you were selling them in Tokyo they would bring much more than the small price which you are charging for them.

It makes such a charming little print!

With kindest regards,

Sincerely yours,

(Signed) JESSIE M. KEITH

ATTRACTIVE CHRISTMAS AND
HOLIDAY STATIONERY

We also wish to announce that we have a limited supply of Holiday stationery suitable for writing your Christmas and circular letters and also your "thank you" letters. Your friends will like it and so will you.

Special price 30 sheets and envelopes for Yen 1.00 (50 cents) (postage extra).

[자료30-2] 1936년 발행 안내서 대형 뒷면

TOP SPINNING IN KOREA

In the winter, the boys are found fashioning tops of ordinary pine wood. Occasionally there is a fond grandfather who labors for days making the next head of the house an especially marvellous top.

The Korean tops are shaped like American tops, but are used more on the ice than on the ground. When the ice is hard enough on the river, large groups are found spinning tops. The whip is a round wooden stick with about a foot and a half of heavy cord fastened to one end.

The top is thrown on the ice and lashed quickly with the cord until a rotating motion is initiated. The top by this lashing, first from one side, then from the other, is kept spinning and made to travel in which ever direction the spinner wishes. Even very small boys become proficient at this amusement and are able to keep the top going from two to three hours at a time.

The smooth glistening surface of the ice allows the top to travel rapidly with each stroke, and the boy must take long slides to keep up.

(From "When I was boy in Korea"
By Il Han New.)

**DEAF AND DUMB
KOREAN ARTIST DESIGNS
THE 1937
CHRISTMAS SEALS
AND
NEW WOOD-PRINT FOLDERS!**

[자료31-1] 1937년 발행 안내서 대형 앞면(175mm×142mm)

**ATTRACTIVE CHRISTMAS
WOOD-PRINT FOLDERS**

The Christmas Seal Committee of Korea takes pleasure in announcing that Mr. Ki-chang Kim, aged 24, has been specially selected to design the 1937 Christmas Seal due to the remarkable ability of this young artist, who has already made a name for himself in Fine-arts circles.

The artist became deaf and dumb at the age of four, after having a serious fever. However, he was able later to attend elementary school; but could not attend High School owing to his extremely straitened domestic circumstances.

He, however, showed unusual ability in drawing, even as a small boy. His mother, who had been serving in a Mission Hopital as a nurse, strongly determined to help demonstrate the genuine ability of her unfortunate son, arranged for him to receive training under Mr. Y. M. Pack, noted Korean artist, of the Oriental School, at the age of fifteen;

But unfortunately the boy lost his mother when 17 years of age. Since the age of 18, through the good officers, rendered by Mr. Pack, he has been prosecuting his studies under Mr. Eun-ho Kim, senior among Korean artists, who recognizing his greatability, left no stone unturned in training him.

The young artist had his work selected for display at the Korean Fine-arts Exhibition on seven different occasions and has won special fame for his picture entitled "Fairy Tale in Korea".

In addition Mr. S. Sato, Japan's famous creator of wood-prints has made some very artistic Christmas folders. This lover of the artistic has brought out the vital quality of Mr. Kim's design and has secured the desired colour effects in a remarkable way.

On these most attractive wood-print folders space is provided for inscribing your name and Christmas or Birthday Greeting. Also they make most attractive pictures for framing.

It would be well to place your orders early as it is hard to meet the great demand for Mr. Kim's woodprints and, as it is pains taking hand work, only a limited number can be supplied; but we wish to give our generous Christmas Seal patrons first chance. Those who place their orders early will have the additional assurance of the personal supervision of Mr. Kim and Mr. Sato in making the wood-prints.

We have made the price most attractive only 30 sen (10 cents) for a genuine Kim wood-print folder including envelope. Since the price is so low, please, include a little extra for postage and send your check in advance.

Please place, where possible, your order with your own local chairman or Sherwood Hall.

Haiju, Korea.

One of our patrons writes concerning our woodprint folders:

"We are delighted with the Christmas wood-print folder It is perfectly done. The printing is beautiful!

If you were selling them in Tokyo they would bring much more than the small price which you are charging for them.

It makes such a charming little print!"

[자료30-2] 1937년 발행 안내서 대형 뒷면

TOP SPINNING IN KOREA

In the winter, the boys are found fashioning tops of ordinary pine wood. Occasionally there is a fond grandfather who labors for days making the next head of the house an especially marvellous top.

The Korean tops are shaped like American tops, but are used more on the ice than on the ground. When the ice is hard enough on the river, large groups are found spinning tops. The whip is a round wooden stick with about a foot and a half of heavy cord fastened to one end.

The top is thrown on the ice and lashed quickly with the cord until a rotating motion is initiated. The top by this lashing, first from one side, then from the other, is kept spinning and made to travel in which ever direction the spinner wishes. Even very small boys become proficient at this amusement and are able to keep the top going from two to three hours at a time.

The smooth glistening surface of the ice allows the top to travel rapidly with each stroke, and the boy must take long slides to keep up.

(From "When I was boy in Korea"
By Il Han New.)

[자료32] 1937년 씰 발행 안내서 소형(88mm×142mm)

DEAF AND DUMB KOREAN ARTIST DESIGNS THE 1938 CHRISTMAS SEALS, NEW WOOD-PRINT FOLDERS, AND CALENDARS.

The Christmas Seal Committee of Korea takes pleasure in announcing that Mr. Ki-chang Kim, aged 25 has been especially selected to design the 1938 Christmas Seal due to the remarkable ability of this young artist, who has already made a name for himself in Fine-arts.

The artist became deaf and dumb at the age of four, after having a serious fever. However, he was able later to attend elementary school; but could not attend High School owing to his extremely straitened domestic circumstances.

He, however, showed unusual ability in drawing, even as a small boy. His mother, who has been serving in a Mission Hospital as a nurse, strongly determined to help demonstrate the genuine ability of her unfortunate son, arranged for him to receive training under Mr. Y. M. Pack, noted Korean artist, of the Oriental School, at the age of fifteen.

But unfortunately the boy lost his mother when 17 years of age. Since the age of 18, through the good offices, rendered by Mr. Pack, he has been prosecuting his studies under Mr. Eun-ho Kim, senior among Korean artists, who recognizing his great ability, left no stone unturned in training him.

The young artist had his work selected for display at the Korean Fine-arts Exhibition on seven different occasions, and has won special fame for his picture entitled "Fairy Tale in Korea".

In addition Mr. S. Sato, the famous creator of wood-prints has made some very artistic Christmas folders. This lover of the artistic has brought out the vital quality of Mr. Kim's design and has secured the desired colour effects in a remarkable way.

THE GAME OF SHUTTLE-COCK IN KOREA.

In the winter boys, small and large, often ask their grandfathers for some old cash with a hole in the center. With this coin and strong Korean paper they make the 'Chei gi' or shuttle-cock.

The tough paper is wrapped around the coin and part of it drawn through the hole and frayed as to form a tassel.

The game may be played by two boys each having a shuttle-cock of his own or if there is only one shuttle-cock using this one between them. The Korean style is unique in that instead of using a battledore their feet serve this purpose. They become quite expert in tossing and catching the shuttle-cock with the inner side of the foot and can often throw it a great height. Sometime they use first one foot and then the other to toss the shuttle-cock.

To begin with, each one sees who can toss the shuttle-cock the greatest number of times without missing. This is often hundred or more times. The winner then tosses it with his foot to his opponent in any direction so as to make it difficult to be caught by the hand of his opponent. The opponent does his best to catch it with his hands, and when he is successful he in turn becomes the winner and the game is repeated.

Often such a game becomes very exciting and attracts quite a crowd of cheering children and even adults.

[자료33-1] 1938년 발행 안내서 소형 앞면   [자료33-2] 1938년 소형 뒷면(90mm×142mm)

SWING DAY IN KOREA

Once upon a time, or to be more specific, at the time of the Tang Dynasty (618-913 A. D.), there lived a young prince who, while walking through the streets of the Capital, saw a very lovely young lady and was captivated by her beauty. The attraction proved mutual, for she, too, fell in love with the prince at sight. But as she belonged to the common class of society, there was no prospect of any result of this mutual admiration. However, the young lady refused to be thwarted by this barrier, and cleverly conceived the idea of erecting a very tall swing not far from the palace, so that, by swinging high above the palace walls, she could catch glimpses of the prince as well as afford him the opportunity of seeing her graceful figure. The outcome of this maneuver was that the prince broke over the royal etiquette and married the young lady. She is known in history as Yang Kui Bi, or Princess Yang.

In commemoration of this, every year, on the fifth day of the fifth month, according to the lunar calendar, swings are suspended either from a branch of a tall tree or from gallows erected for that purpose, and here the girls assemble to enjoy the sport. Even before the influx of Western ideas, when girls were not allowed to appear in public, exception was permitted on that day, when young men could from a distance watch the girls in their holliday attire, flying high in the air, while the young ladies could, without compromising their maidenly modesty, cast furtive glances at the swains.

Rev. Esmond W. New of the Australian Presbyterian Mission in Korea is the artist who painted the picture for the T. B. campaign this year.

A. A. P.

[자료34] 1939년 발행 안내서(대형 단면, 150mm×110.5mm)

날리기' 놀이에 대한 설명문만이 인쇄되어 있고([자료29]), 대형은 앞뒷면에 설명문이 인쇄되어 있다([자료30-1·2]). 1939년까지 내용만 다르고 비슷한 유형으로 발행되었는데, 참고로 1936년의 씰 발행 안내서만을 여기에서 번역하여 제시해보면 다음과 같다.

[자료35] 1936년 씰 발행 안내서(소형)

한국의 연날리기

연날리기는 젊은 한국인 누구나 잘하는 매우 사랑받는 놀이이다. 새해에는 그들 스스로 매우 숙련되고 훌륭한 솜씨로 만든 멋진 수많은 연들이 하늘에 보인다. 연줄은 먼저 아교를 바른 후 그 위에 가루로 만든 유리를 덮어씌운다. 두 소년이 서로 상대방의 연줄을 끊기 위해 자기의 얼레를 조종하여 여기저기로 연을 보내거나 재빠르게 연을 날리는 능란한 연 싸움을 보는 것은 일대 장관이다. 당연히 연줄이 끊어져 그의 연을 잃어버리는 소년이 놀이에 진다. 수많은 사람과 아이들이 이 싸움들을 관전하기 위하여 언덕의 중턱에 모여든다. (와그너의 「한국의 아이들」에서)

[자료36] 1936년 씰 발행 안내서(대형)

미스 엘리자베스 키스의 목판화 크리스마스카드

한국 크리스마스 씰 위원회는 한국인이 매우 존경하고 사랑하는 화가 엘리자베스 키스양의 1936년 크리스마스 씰의 도안이 이미 완성되었다는 것을 알림을 기쁘게 생각합니다. 더욱이 일본의 유명한 목판화가인 사토 씨가 매우 예술적인 크리스마스카드를 만들었습니다. 이 예술가는 키스의 도안에 생명력을 불어 넣었으며 남다른 방법으로 원하는 색채 배합을 하였습니다. 이 가장 매력적인 목판화 카드에는 당신의 이름 및 성탄절이나 생일인사를 기입할 공간이 마련되어 있습니다. 또한 목판화는 사진틀에 넣을 수 있는 가장 매력적인 그림입니다.

① 키스의 목판화는 제작의 어려움으로 요구하는 주문에 다 응할 수 없고, 한정된 양만 공급할 수 있는데, 우리의 크리스마스 씰 후원자들에게 우선 기회를 주고자 합니다. 아주 일찍 주문하는 것이 좋을 것입니다. 일찍 주문해야 목판화 작업 때 키스 양과 사토 씨가 직접 관리하는 특별 보장을 받을 수 있습니다. 우리는 키스양의 진품 목판화 크리스마스카드와 봉투를 아주 싼 가격인 단돈 20전(10센트)으로 책정했습니다. 가격이 매우 싸므로 우편요금을 위하여 조금의 추가요금을 포함시켜 주시기를 바라며 수표를 미리 보내주세요. 주문하실 때는 당신의 지역위원

장이나 셔우드 홀에게 해주세요. 조선 해주.

② 엘리자베스 키스의 여동생이 목판화 크리스마스카드에 대해서 알려 주었습니다. : 우리는 목판화 크리스마스카드 때문에 매우 기뻤습니다. 더할 나위 없이 잘 되었고, 아름다운 카드입니다. 귀하가 도쿄에서 목판화를 판매했다면 귀하가 책정한 적은 값보다 훨씬 비싸게 팔았을 것입니다. 그것은 대단히 매력적이고 귀여운 판화입니다.

Jessie M. Keith

매력적인 성탄절과 축일 편지지

③ 우리는 또한 여러분의 크리스마스나 회람 및 감사의 편지에 어울리는 축일(祝日) 편지지를 한정 공급함을 알리고 싶습니다. 당신의 친구들은 그것을 좋아할 것이며 당신도 그럴 것입니다. 편지지 30장과 봉투 특별가 1원(50센트)(송료별도).

즉, 씰 발행 안내서는 [자료35]에 보이는 바와 같이 소형의 경우는 당해 연도 크리스마스 씰 도안이 어떤 의미를 가지고 있으며 어떠한 민속놀이인지를 설명하고 있다. 대형 발행 안내서의 경우는 [자료36]의 밑줄 ①에서 알 수 있듯이 목판화 홍보를 위해 도안자가 어떤 사람이며, 어떠한 경위로 제작되었는지를 밝힘과 동시에 목판화의 제작과정 및 목판화의 희소성과 가치성 등을 홍보하고 있다. 전부 영문으로 발행되었는데, 이것은 외국인들에게 한국의 놀이문화를 소개하고 크리스마스 씰 또는 관련 판매품을 안내·홍보하기 위한 목적이 있었기 때문이며, 그렇기에 '발행 안내서'는 무료로 배부되었던 것이다.

한편, 밑줄 ②에서는 해주구세요양원의 크리스마스카드는 1936년 도안자인 엘리자베스 키스의 여동생의 제안에 의해 제작되었으며, 그 동생에게 보낸 감사의 편지도 게재하고 있는데, "귀하가 도쿄에서 목판화를 판매했다면 귀하가 책정한 적은 값보다 훨씬 비싸게 팔았을 것입니다. 그것은 대단히 매력적이고 귀여운 판화입니다."라고 하여 목판화로 제작된 연하장의 발행에 홀 박사가 대단히 만족하고 있었음도 유추해 볼 수 있다. 이 사실을 염두에 두고 볼 때, 홀 박사가 씰 발행 안내서를 발행한 이유에는 순수한 씰과 결핵홍보자료의 안내라는 측면뿐만 아니라, 씰과 관련된 홍보인쇄자료, 즉 목판연하장이나 한지연하장의 판매 증진을 위한 목적도 있었음을 확인할 수 있고, 이것은 말할 것도 없이 홀 박사의 결핵기금을 확보하기 위한 자구책의 일환이었다고 평가할 수 있다.

1937년 '팽이치기' 씰의 발행 안내서(TOP SPINNING IN KOREA)도 대형([자료31])과 소형([자료32])이 있는데, '팽이치기' 놀이에 대한 내용은 놀랍게도 유한양행의 설립자로서 1936년에 한국 최초로 종업원 지주제를 실시하기도 하였던 고 유일한이 쓴 『When I was a boy in Korea(한국에서의 어린 시절)』(Lothrop, LEE & Sheperd Co., 1928)의 내용을 인용한 것이다.[18] 1938년 '제기차기' 씰의 발행 안내서는 소형만 현존하는데, 앞뒷면이 전부 인쇄되어 있는 형식이다([자료33]). 1939년 '그네뛰기'의 안내서(SWING DAY IN KOREA)는 '그네뛰기' 놀이에 대한 설명이 앞면에 인쇄되어 있다. 재질과 사이즈가 이전의 발행 안내서와는 차이가 있으며 질적으로 약간 조악해졌는데([자료34]), 이는 1939년이라는 시기가 이미 침략전쟁을 위한 총동원체제 속에 편입된 시기로 식민지 조선에 대한 물적·인적자원의 통제로 인한 것임을 유추해 볼 수 있다.

3. 판매품의 결핵퇴치 홍보인쇄자료

1) 카드와 엽서

1933년부터 1940년까지는 씰 카드와 엽서도 매년 발행되었다([자료 38-63]). 명칭은 후술하는 주문용 엽서(제4장 [자료7·8])의 (5)와 (6)의 항목을 보면, 'Christmas Seal Cards'와 'Christmas and New Year Post Cards'라고 명기되어 있기 때문에 카드와 엽서로 분류하여 사용한다. 카드(2장 10전)와 엽서(2장 5전)는 모두 발행 연도의 씰 도안을 이용하였는데, 카드는 뒷면이 아무것도 인쇄되어 있지 않은 백지상태인 것([자료38-1·2])을 말하며, 엽서는 뒷면에 통상의 엽서와 같이 우표를 첨부하는 사각형 표시와 '郵便はがき', 'POST CARD', 내용 분리선 등이 인쇄되어 있는 것([자료39-1·2])을 말한다.

카드는 앞면의 그림이 엽서 대형의 그림과 동일하며, 엽서는 씰 도안의 이미지가 크고 작음에 따라 대형과 소형으로 분류된다.[19] 또한, 발행 연도에 따라서는 인쇄나 색상이 다른 변종도 있지만, 본장에서는 통상적인 발행분만을 소개한다. 한편, 1933년의 경우 최초로 엽서를 발행한 해로서 도안이 상이한 에세이도 존재하지만([자료37]), 실제 발행된 것은 아니다.

이들 카드와 엽서에는 다음과 같이 특기할 만한 사항들이 몇 가지 내재되어 있다. 첫째는 1934년의 카드와 엽서이다. 뒷면에 아무것도 인쇄되어 있지 않은 카드는 '아기 업은 여인'을 도안으로 삼고 있는데, 연도가 있는 것과 없는 것이 있으며([자료41·42]), 도안은 '아기 업은 여인'이면서 뒷면에 엽서의 통상적인 형식이 인쇄된 엽서([자료43-1·2])도 존재한다. 특히 1934년은 여기에 신년의 대표적 이미지로서 학과 태양을 소재로 삼은 대소형 엽서([자료44·45])도 발행되고 있어, 카드 2종, 엽서 3종으로 1937년과 같이 가장 많은 종류가 발행된 해이기도 하다. 둘째, 1935년의 경우, 카드([자료46])에는 복십자 마크가 없지만, 대소형 엽서([자료47·48])에는 복십자 마크가 인쇄되어 있다. 셋째, 1936년의 카드는 미발견 상태지만(1938년 카드도 미발견) 대소형 엽서([자료49·50])가 있고, 1937년에는 연도가 인쇄되어 있는 카드([자료51])가 제작되고 있으며, 대소형 엽서([자료52-55])에는 연도가 있는 것

[자료37] 1933년 에세이 엽서(62mm×85mm)

과 없는 것이 존재하여 카드 1종, 엽서 4종으로 1934년과 마찬가지도 5종류가 제작되었다. 넷째, 1939년·1940년의 카드([자료58])와 대소형 엽서([자료59·60])는 세계적으로도 거의 볼 수 없을 정도로 희귀하다는 점이다. 그 이유는 알 수 없으나 전쟁과 관련이 있을 것으로 추측되는데, 특히 1940년의 카드([자료61])와 대소형 엽서([자료62·63]) 중에서 소형 엽서는 현재까지 2매만 발견되고 있어 귀중한 자료이다.

2) 한지연하장과 목판연하장

1934년부터는 연하장도 발행하였는데, 한지연하장과 목판연하장 두 종류가 발행되었다. 이 두 자료의 명칭은 후술하는 주문용 엽서(제4장 [자

[자료38-1] 1933년 카드(86mm×137mm)

[자료38-2] 1933년 카드 뒷면

[자료39-1] 1933년 엽서 대형(89mm×141mm)

[자료39-2] 1933년 엽서 대형 뒷면

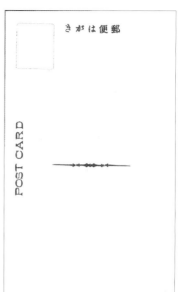

[자료40-1] 1933년 엽서 소형(90mm×141mm)　　[자료40-2] 1933년 엽서 소형 뒷면(이후 생략)

[자료41] 1934년 카드(연도○, 87mm×136mm)　　[자료42] 1934년 카드(연도×, 88mm×140mm)

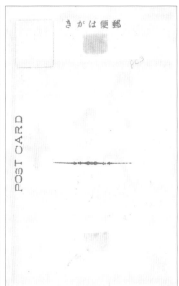

[자료43-1] 1934년 엽서(88mm×139.7mm)　　[자료43-2] 1934년 엽서 뒷면

[자료44] 1934년 씰 엽서 대형(90mm×140mm)　　[자료45] 1934년 씰 엽서 소형(90mm×139mm)

[자료46]　1935년 카드(✝ 없음, 136mm×90mm)

[자료47]　1935년 엽서 대형(✝ 있음, 135mm×88mm)

[자료48]　1935년 엽서 소형(135mm×86mm)

[자료49] 1936년 엽서 대형(87mm×140mm)   [자료50] 1936년 엽서 소형(87mm×139mm)

[자료51-1] 1937년 카드(87mm×138mm)   [자료51-2] 1937년 카드 뒷면

[자료52] 1937년 엽서 대형
(연도○, 85mm×138mm)

[자료53] 1937년 엽서 대형
(연도×, 85mm×139mm)

[자료54] 1937년 엽서 소형
(연도○, 87mm×138mm)

[자료55] 1937년 엽서 소형
(연도×, 85mm×139mm)

[자료56] 1938년 엽서 대형(85.5mm×138mm)

[자료57] 1938년 엽서 소형(86mm×138.5mm)

[자료58] 1939년 카드
(뒷면 백지, 86.5mm×140mm)

[자료59] 1939년 엽서 대형(86mm×140mm)

[자료60] 1939년 엽서 소형(84mm×146mm)

[자료61] 1940년 카드(89mm×142.5mm)

[자료62] 1940년 엽서 대형(88mm×141mm)

[자료63] 1940년 엽서 소형(88mm×141mm)

료7·8])의 항목 (3)을 보면 'Christmas Seal Woodprint folders'라고 되어 있는데, 크리스마스 씰이 한국에서는 크리스마스와 연하의 의미를 가지고 있기 때문에 '목판연하장'(20전)이라고 한 것이며, 항목 (4)에서는 'Christmas Seal Korean Paper folders'라고 하여 한국의 종이, 즉 '한지연하장'(10전)이라고 명명한다.

한지연하장은 1934년과 1935년만 발행되었으며([자료64·66]), 얇은 한지에 인쇄하여 연하의 내용을 기입한 후 접어서 봉투(한지연하장 봉투는 한지로 제작)에 넣어 발송하게 되어 있는데, 재질을 상세히 보면 한지의 특성인 실 같은 섬유소가 다량 포함되어 있다.

목판연하장은 1934년부터 1940년까지 7년간 발행되었고([자료65·67–72]), 좌우로 접은 카드 형식의 두꺼운 종이 앞면에 목판화를 붙여 안쪽면에 연하 인사말의 내용을 기입한 후 봉투에 넣어 발송하게 되어 있다. 기본적으로 한지연하장과 목판연하장은 당해 연도의 크리스마스 씰 도안을 기본으로 인쇄되었으며, 당대의 유명한 화가들의 작품으로 예술적인 가치가 뛰어나 수집가들에게는 인기 있는 품목이 되고 있다. 참고로 씰이 발행된 1932년부터 마지막 씰인 1940년까지의 도안자와 관련 내용은 다음과 같다([도표2]).

1934년의 씰인 '아기 업은 여인'을 그린 엘리자베스 키스는 영국의 왕실 그림을 그렸던 여류화가인데, 홀 박사와의 친분으로 1936년 '연날리기', 1940년의 '한국의 두 아이'도 도안하였다. 또한 당대의 한국 화가였던 김기창은 1937년 '팽이치기'와 1938년 '제기차기'를 그렸다. 이렇게 민속놀이나 한국의 풍습이 도안으로 채택된 것은 엘리자베스와 김기창의 화풍이기도 하지만, 홀 박사가 이전부터 한국 어린이들의 놀이나 운

[도표2] 씰 도안자와 도안 내용

연도	도안자	도안 내용	연하장 유무	기타 특징
1932년	서우드 홀	남대문	없음	
1933년	YMCA인쇄소 화가	캐럴 부르는 소년소녀	없음	
1934년	엘리자베스 키스	아기 업은 여인	한지/목판연하장	영국 왕실 화가
1935년	최신영	널뛰기	한지/목판연하장	한국화가
1936년	엘리자베스 키스	연날리기	목판연하장	영국 왕실 화가
1937년	김기창	팽이치기	목판연하장	한국화가
1938년	김기창	제기차기	목판연하장	한국화가
1939년	에스몬드 W. 뉴(柳永完)	그네뛰기	목판연하장	선교사
1940년	엘리자베스 키스	한국의 두 아이	목판연하장	영국 왕실 화가

동을 씰의 도안으로 생각하고 있었고, 또 씰을 구입하는 해주구세요양원의 후원자들도 역시 한국의 풍속화를 좋아했기 때문에(『조선회상』, 540-541쪽) 판매액을 늘리기 위한 수단이기도 했다.

이들 자료의 특징을 보면, 한지연하장에는 '보건(保健)'이라는 글자가 인쇄되어 있지만, 목판연하장에는 결핵예방을 홍보하는 표식이 없다는 점, 그리고 목판연하장에는 대부분 그림의 하단 부분에 인쇄국명이 인쇄되어 있지 않은데, 1937년 목판연하장의 경우 'Printed in Japan', 1938년과 1940년에는 'Printed in Korea'라고 인쇄되어 있다는 점도 특징으로 설명할 수 있다.

3) 보건증권

홀 박사는 결핵기금의 확보를 위해 1934년부터는 'HEALTH BOND'라고 하는 보건증권을 발행하였다. 국문과 영문이 있는데, 국문 보건증권은 "平生(100원), 金(20원), 銀(10원)"의 3종, 영문은 "LIFE(100달러),

[자료64-1] 1934년 한지연하장(175mm×137mm, 펼친 모습으로 반으로 접어서 봉투에 삽입)

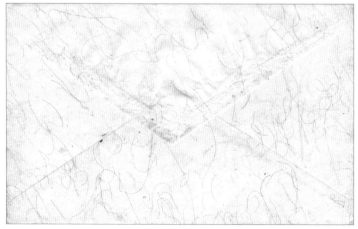

[자료64-2] 봉투(89mm×142mm)

[자료65-1] 1934년 목판연하장(122mm×182mm)

[자료65-2] 봉투(192mm×136mm, 이하 봉투 생략)

[자료66]   1935년 한지연하장(134mm×172mm)

[자료67]   1935년 목판연하장(182mm×122mm)

[자료68] 1936년 목판연하장(128mm×195mm)

Printed in Japan

[자료69] 1937년 목판연하장(128mm×189mm)

제3장 해주구세요양원의 결핵퇴치 홍보인쇄자료의 분류와 성격

[자료70] 1938년 목판연하장(132.5mm×192mm)

[자료71] 1939년 목판연하장(131mm×192mm)

PRINTED IN KOREA

[자료72] 1940년 목판연하장(127mm×168mm)

GOLD(20달러), SILVER(10달러)"의 3종이 있으며, 여기에 'DOLLARS' 표기 대신에 'YEN'으로 표기된 3종을 포함하면 총 9종이 제작 발행되었다([자료73-81]). 다만, 영문 보건증권의 'SILVER'와 'LIFE'에는 앞면 하단에 'SPECIMEN(견본)'이 인쇄된 '견본 보건증권'이 발견되고 있으며, 'SPECIMEN'이 상단에 역으로 인쇄된 'LIFE' 보건증권도 발견되고 있으나 이들의 이미지 소개는 생략한다.

한편, 우편수집가 고 이창성은 보건증권을 '찬조회원 회원증' 또는 '건강증서'라고 하면서 "『Green World Seal Catalog』에서는 9종이라고 분류하고 있으나, 이는 너무 세분화한 것으로 6종이 타당할 것 같다."[20]고 주장하고 있다. 그러나 실제 국문 보건증권([그림73-75])에는 한자로 '보건증권(保健證券)'이라고 명확히 인쇄되어 있기 때문에 보건증권이라는 명칭이 타당하며, 기본 종류는 역시 '견본 보건증권'을 제외한 9종으로 보는 것이 합리적이다.

평생(平生=LIFE), 금(金=GOLD), 은(銀=SILVER)의 보건증권 뒷면을 보면, 증권을 구입하여 보유하고 있는 자의 특전이 구분되어 있는데(영문 보건증권은 영문으로, 국문 보건증권에는 국문으로 인쇄), 구입한 증권의 등급에 따라 ① 구입자 전원의 성명을 명예회원 명부에 기입, ②해당 연도의 크리스마스씰철을 각기 4개(실버), 8개(골드), 10개(라이프) 증정, ③본 위원회에서 발행하는 크리스마스카드와 서적 등을 실버는 10%, 골드와 라이프는 20% 할인, ④결핵병을 정복하는데 절대적 의무기간은 실버·골드는 당해 연도 성탄절까지, 라이프는 위원회가 존치할 때까지라는 네 가지 항목으로 차등적인 특전을 부여하고 있다. 이렇게 보건증권을 발행하여 판매한 목적은 조선총독부가 식민지 조선에서의 결핵퇴치에 소극적 대응[21]의 상

[자료73-1] 보건증권 국문(平生, 134mm×86mm)

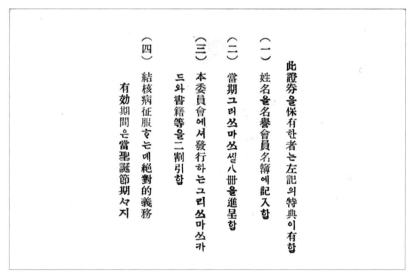

此證券을保有한者と左記의特典이有함

(一) 姓名을名譽會員名簿에記入함

(二) 當期그리쓰마쓰씰八册을進呈함

(三) 本委員會에셔發行하는그리쓰마쓰카
  드와書籍等을二割引함

(四) 結核病征服하는데絕對的義務
  有効期間은當聖誕節期々지

[자료73-2] 보건증권 국문의 뒷면

[자료74] 보건증권 국문(金, 134mm×86mm)

[자료75] 보건증권 국문(銀, 133mm×85mm)

[자료76] 보건증권 영문(LIFE, 136mm×90mm)

[자료77] 보건증권 영문(GOLD, 136mm×90mm)

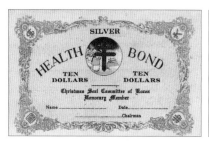

[자료78] 보건증권 영문(SILVER, 136mm×90mm)

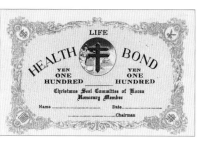

[자료79] 보건증권 영문 YEN(LIFE, 136mm×90mm)

[자료80] 보건증권 영문 YEN(GOLD, 136mm×90mm)

[자료81] 보건증권 영문 YEN(SILVER, 136mm×90mm)

황에서 그 판매수익금을 이용해 결핵홍보는 물론, 당시 만연하고 있던 결핵을 퇴치하기 위한 적극적인 수단이었는데, 이점은 전술한 홍보용 소책자들에서도 확인할 수 있다.

4) 미니 포스터와 씰 포스터

해주구세요양원에서는 결핵퇴치와 치료 및 결핵기금의 확보를 위한 홍보활동의 일환으로 포스터를 제작해 배부했는데, 비매품과 판매품이 존재한다. 비매품은 씰 발행 4주년을 기념한 1935년([자료82])과 5주년을 기념한 1936년([자료83])에 발행된 것으로 사이즈가 작아 통칭 '홍보용 미니 포스터'라고 한다. 1936년에는 '조선결핵예방협회(朝鮮結核豫防協會)'라는 하단의 문구에서 '朝鮮'과 '協'자를 삭제하여 '결핵예방협회(結核豫防會)'로 만든 것도 현존한다([자료84]).

미니 포스터에는 씰과 엽서의 가격, 씰의 판매 수익금의 사용 내역, 씰과 결핵의 선전 문구 등이 보이고 있는데, 이를 통해 비매품이지만 결핵관련 홍보인쇄자료들의 판매를 홍보하기 위한 목적이 있음을 알 수 있다. 특히, "크리스마스 씰은 결핵예방운동의 억센 심벌(맞춤법에 따라 수정)", "크리스마스 씰은 결핵 환자에의 격려의 선물"이라는 홍보 문구와 함께 씰 판매수익금에 대해서는 "①빈곤한 결핵 환자들을 위하여, ②결핵병리연구 및 결핵연구소를 위하여, ③결핵병 서적 간행을 위하여"라는 점을 밝히고 있다.

1934년에 해주구세요양원에서는 "명년에는 다시 결핵 환자를 절멸시키기 위하여 결핵예방협회를 창설할 계획"[22]을 가지고 있었는데, 당시 결핵퇴치와 치료가 중요 현안문제로 대두되자 조선총독부에서도 1936

[자료82-1]　1935년 씰 홍보용 미니 포스터 앞면
(191mm×267.5mm)

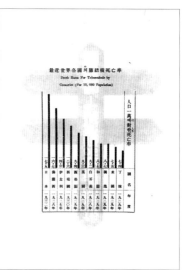

[자료82-2]　1935년 씰 홍보용 미니 포스터 뒷면
(『최근 세계 각국의 결핵 사망률』)

[자료83]　1936년 씰 홍보용 미니 포스터 앞면
(191mm×267mm, 뒷면 1935년과 동일)

[자료84]　1936년 씰 홍보용 미니 포스터 앞면
(191mm×267mm, 뒷면 1935년과 동일)

제3장　해주구세요양원의 결핵퇴치 홍보인쇄자료의 분류와 성격

년 4월 7일에 '조선결핵예방협회'(조선호텔에서 발회식)를 설립하였다.[23] 공식적인 명칭이 '조선결핵예방협회'인데, 위에서 언급한 바와 같이 '조선'과 '협'자를 삭제하여 '결핵예방회'로 만들었는지 지금 단계에서는 명확히 알 수 없지만, 아마도 조선이라는 국호가 문제되었을 가능성도 있고, 해주구세요양원 중심의 결핵퇴치와 예방활동을 조선총독부가 명칭을 바꾸어 주도해나가기 위한 조치였을 가능성도 있다. 참고로 일본에서 '결핵예방회'는 1939년에 설립되었다.

한편, 판매품으로 제작된 씰 도안의 포스터도 있는데, 엽서와 마찬가지로 대형과 소형 두 종류가 있으며, 소형 포스터에는 결핵박멸을 위한 홍보문구가 삽입되어 있다. 후술하는 주문용 엽서(본서 제4장 [자료7·8])의 항목 (2)에서는 "Christmas Seal Enlargements, Poster size(대형 크리스마스 씰. 포스터 사이즈)"라는 품목이 보이고 있는데, 이것이 바로 판매품 포스터이다. 원래의 명칭대로 부르자면 '대형 크리스마스 씰'이라고 해야 하지만, 씰로서의 용도보다는 포스터의 성격이 강했기 때문에 본서에서는 포스터라고 하며, 재질에 따라 '양지(Plain Paper, 1원)'와 '한지(Korean Paper, 1.5원)'의 두 종류가 존재한다([그림85~91]).

판매용의 씰 포스터는 1934년 '아기 업은 여인(엘리자베스 키스 도안)'의 씰부터 제작·발행되었는데, 현재는 1937년 포스터까지 발견되고 있으며([자료85~91]), 1938년부터 1940년까지는 미발견 상태이다. 다만, 1938년부터 발행되지 않은 것인지 발행되었지만 남아있지 않은 것인지 명확하지 않다. 씰 포스터의 재질은 대부분 양지로 제작되었지만, 1935년의 '널뛰기', 1937년 '팽이치기' 도안의 씰 포스터 대형은 전술한 바와 같이 한지로도 제작되고 있어 특이하다고 할 수 있다. 또한 씰 포스터는 홍보

保健

[자료85] 1934년 '아기 업은 여인' 씰 포스터(385mm×452mm)

[자료86] 1934년 '아기 업은 여인' 씰 포스터(385mm×693mm)

[자료87]　1935년 '널뛰기' 씰 포스터 대형(한지, 465mm×406mm)

[자료88]　1935년 '널뛰기' 씰 포스터 소형(467mm×636mm)

[자료89] 1936년 '연날리기' 씰 포스터 소형(381mm×682mm)

[자료90] 1937년 '팽이치기' 씰 포스터 대형(한지, 382mm×516mm)

[자료91] 1937년 '팽이치기' 씰 포스터 소형(378mm×702mm)

[자료92] 1939년 달력(149mm×296mm)   [자료93] 1939년 씰 달력 복사본(크기는 미상이나
1939년도와 비슷함)

용이기도 했기 때문에 상단 모서리에는 검은색 철판으로 보호대를 대고
있으며, 철판의 뒤쪽 중앙에는 끈이 있어 걸어 놓을 수 있도록 했다(포스
터 중 상단의 검은색 부분이 철판 보호대). 씰 포스터는 현존량이 매우 적을 뿐만
아니라, 엘리자베스 키스, 최신영, 김기창 등 당대의 유명화가들이 도안
한 것이기 때문에 예술적 가치도 상당히 높아 상당히 수집하기 어려운
자료에 포함된다.

5) 달력과 퍼즐 맞추기

해주구세요양원에서 발행된 결핵예방과 홍보자료들은 씰의 선전과 이를 통한 결핵기금의 확보를 위해 발행되었다는 공통점이 있는데, 위에서 언급한 자료들 외에도 다양한 홍보인쇄자료가 발행되었다. 대표적인 것이 [자료92·93]의 달력과 200조각으로 이루어진 크리스마스 씰 도안의 '퍼즐 맞추기'([자료94])이다.

우선, 달력을 보면 언제부터 제작되었는지는 불명확한데, 현재까지 1939년 '그네뛰기'와 1940년 '한국의 두 아이' 달력 두 건이 발견되고 있다. 해당 연도 연하장의 목판화를 앞면에 첩부하였고, 그 밑에 발행 연도의 다음 해에 해당되는 1940년과 1941년의 달력을 첩부한 상태이다. 1940년의 달력은 현재 소장자 불명으로 고 서원석 씨가 복사해둔 사본이 남아 있어 여기에 소개해 둔다. 다만, 판매가 되고 있었다는 점은 홀 박사가 자서전에서 "해가 갈수록 이 운동은 점점 더 대중에게 보급되어 자극을 주었다. 이러한 추세에 맞추기 위해 포스터 크기의 씰 복사품,[24] 크리스마스카드, 달력, 우편엽서, 퍼즐 맞추기 등을 만들어 팔았다."(『조선회상』, 539-540쪽)는 언급이 있어 확인되고 있지만, 그 가격이 얼마였는지는 명확하지 않다. [자료95]의 '퍼즐 맞추기' 자료는 그간 수집가들 사이에서 '조각 맞추기 장난감'으로 언급되고 있었으나[25] 원래 명칭은 [자료94]의 안내서에 보이듯이 'Jig-Saw Puzzle'로서 장난감이라는 말은 없다. 이 '퍼즐 맞추기'는 현재까지 조사한 바에 의하면 1933년 크리스마스 씰 도안인 '캐럴 부르는 소년소녀'를 소재로 단 1점만이 발견되고 있어 상당히 귀중한 자료이며,[26] 1933년의 씰 도안에 복십자 마크와 '保健'이라는 문구를 인쇄하여 제작하였는데, 결핵기금 확보를 위해 판매를 복

Korean Christmas Seal Jig-Saw Puzzle
(Good for the year around)
200 Interlocking Pieces Yen 2.50, ($ 1.25), plus postage.
Those who have seen it are charmed with it, and some have ordered as many as seven for unique gifts for their friends.
Place your order today with
Dr. Sherwood Hall, Chairman
Christmas Seal Committee
Haiju, Korea

[자료94] 1933년 '퍼즐 맞추기' 안내서(150mm×85mm)

[자료95] 1933년 '캐럴 부르는 소년소녀'의 '퍼즐 맞추기'(332mm×329mm)

적으로 했던 가장 대표적 물품 중의 하나라고 할 수 있다.

다만, 본고에서 명확히 하고자 하는 것은 '퍼즐 맞추기'가 1933년도에만 제작된 것이 아니라는 점이다. 이것은 1934년 '씰 주문용 엽서'(제4장 [자료7·8])를 보면 (8)번 항목에 "Jig-Saw Puzzle. Elizabeth Keith Design"이라는 품목이 있는데, 바로 1934년 엘리자베스 키스가 도안한 '아기 업은 여인' 씰의 '퍼즐 맞추기'를 말하는 것으로 가격이 2.5원으로 판매 품목이었던 것이다. 이후 매년 제작되었을 것으로 추측되지만, 아직까지 발견되고 있지 않아 언제까지 제작되었는지는 불명확하다.

이외에 해주구세요양원과 결핵예방 및 퇴치를 위한 홍보인쇄자료로 1930년대 중후반부터 『요양촌(療養村)』[27]이라는 잡지가 발행되었고, 「크리스마스 씰 선전문(宣傳文)」, 해주구세요양원의 「본원안내서(本院案內書)」, 「씰-판매의 가격과 사용법」 등 다양한 홍보물[28]들이 발행되었다. 다만, 『요양촌(療養村)』을 제외한 자료들은 판매를 목적으로 한 것이 아니라, 순수한 홍보의 목적으로만 발행한 것으로 본고에서는 기타 홍보인쇄자료로서 같이 언급해둔다.

4. 맺음말

이상으로 일제강점기인 1928년에 캐나다의 선교의사 셔우드 홀 박사가 원장으로서 설립한 해주구세요양원의 결핵예방과 퇴치 및 홍보를 위한 인쇄자료들에 대해서 살펴보았는데, 세 가지 점으로 요약하면 다음과 같다.

첫째, 해주구세요양원에서 발행한 홍보인쇄자료들의 분류와 성격규명에 대한 고찰이다. 이들 자료의 대부분은 본고에서 살펴본 바와 같이 1932년부터 1940년까지 다종다양한 특성을 가지고 발행되었는데, 크게 비매품과 판매품으로 분류할 수 있다. 이들을 세분화 하면, 비매품으로 ①홍보용 소책자(Promotional Booklet), ②모금용 편지(Fundraising Letters), ③촛불 봉투(Candle's Envelopes)와 씰 봉투(Christmas Seal's Envelopes), ④씰 발행 안내서(Christmas Seal's Brochures for Announcement), ⑤홍보용 미니 포스터(Promotional Mini Poster), 또 판매품으로 ①카드와 엽서(Cards and Postcards), ②한지연하장(Christmas Seal Korean Paper folders)과 목판연하장(Christmas Seal Woodprint folders), ③보건증권(Health Bond), ④씰 포스터(Christmas Seal's Poster), ⑤퍼즐 맞추기(Jig-Saw Puzzle)와 달력을 포함한 기타 홍보물 등 약 100여종 이상이다. 이들 품목을 보면, 대부분은 민중들이 쉽게 접할 수 있는 생활품목들로 구성되어 있는데, 이것은 결핵의 홍보 효과와 판매 증진을 확산시키기 위한 홀 박사의 자구책의 일환으로 제작되었다고 평가할 수 있는 부분이다.

둘째, 이들 홍보인쇄자료의 성격에 관한 문제이다. 이들 자료는 결핵예방과 결핵퇴치를 위한 홍보자료로서의 특성을 원천적으로 가지고 있었지만, 이들 자료들 중에는 제작 당초부터 판매를 목적으로 한 판매용 자료가 있었다. 비매품의 경우에도 판매용의 홍보나 선전문구가 삽입되어 있다는 것을 염두에 두면, 당시 발행된 해주구세요양원의 홍보인쇄자료는 순수한 결핵예방과 결핵퇴치를 위한 홍보의 목적과 함께 결핵기금의 확보를 위한 성격도 강하게 내재되어 있었다고 말할 수 있다.

셋째, 판매용 홍보인쇄자료의 디자인 특성에 관한 점이다. 이점은 당시 해주구세요양원에서 발행한 크리스마스 씰의 디자인과도 밀접한 관련이 있는데, 판매용 홍보물이 모두 한국의 전통적인 모습을 디자인 소재로 삼고 있었다는 것은 특기할 만하다. 홍보인쇄자료의 판매는 1933년 '캐럴 부르는 소년소녀'의 카드와 엽서의 판매를 계기로 시작되었지만, 이후 '아기 업은 여인', '널뛰기', '연날리기', '팽이치기', '제기차기', '그네뛰기', '한국의 두 아이' 등 주로 한국의 대표적인 전통 문화요소를 소개하는 미술품으로 제작되어 판매되고 있었다. 이것은 해외로부터의 한국 문화에 대한 호기심, 그리고 수집품으로서의 가치를 염두에 둔 홀 박사의 역량이라고 할 수 있는 부분으로 그렇기 때문에 당대 유명 화가였던 엘리자베스 키스나 김기창 등에게 도안을 부탁했던 것이다.

미 주

1 Park Yun Jae, 「The work of sherwood Hall and the haiju tuberculosis sanatorium in colonial Korea」, 『醫史學』45, 大韓醫史學會, 2013.

2 신동규, 「일제침략기 선교사 셔우드 홀과 크리스마스 씰을 통해 본 한일관계에 대한 고찰」, 『韓日關係史研究』47, 한일관계사학회, 2013 ; 신동규, 「일제강점기 결핵전문 요양병원 海州救世療養院의 설립과 운영 실태에 대한 고찰」, 『韓日關係史研究』52, 한일관계사학회, 2015. 본서의 세1장과 제2상 참조.

3 본서 제2장에서 제시한 크리스마스 씰 도안들을 참조.

4 Mary Wilton[Helen Young Snyder], The Mother of Pyong Yang, no publisher, 1926[?], 89mm×159mm.

5 Marian Bottomley Hall, A Mother's Faith, Haiju Korea, Y. M. C. A Press[Seoul], 92mm 152mm. 출판 연도는 불명확하지만, 홀 박사가 1926년 7월 해주구세병원 원장으로 부임했기 때문에 그 직후의 시기에 발행된 것으로 판단된다.

6 Sherwood Hall, THE STORY OF KOREA'S FIRST CHRISTMAS SEAL, Seoul Korea, Y. M. C. A. Press, 1933, 177.5mm×150mm(펼친 크기).

7 Sherwood Hall, THE STORY OF KOREA'S 1933 CHRISTMAS SEAL CAMPAIGN, Seoul Korea, Y. M. C. A. Press, 1934, 91.5mm×152mm.

8 Marian and Sherwood Hall, MEDICAL MISSION WORK, Seoul Korea, Y. M. C. A. Press, 1933, 89.5mm×144mm, 복사본.

9 Sherwood Hall, THE STORY OF KOREA'S THIRD CHRISTMAS SEAL CAMPAIGN, Seoul Korea, Y. M. C. A. Press, 1935, 90mm×150mm.

10 no name, CAMPAIGN NEWS FROM THE FRONT, no publisher, 1934(90mm 150mm). 이 소책자는 저자와 출판사가 불명이지만, [자료7]과 거의 동일한 내용.

11 Sherwood Hall, THE STORY OF KOREA'S FOURTH CHRISTMAS SEAL CAMPAIGN, no publisher, 1936, 91mm×151mm.

12 Elsie Ball, THE PRESIDENT WRITES A LETTER, Haiju Korea, 1935, 90mm×

151mm.

13 이 사실은 셔우드 홀·김동열 역, 『닥터 홀의 조선회상』(좋은씨앗, 2003, 528쪽)에 도 같은 내용을 기록하고 있다. 이하 홀 박사의 자서전은 '『조선회상』'으로 약칭 한다.

14 『조선회상』에 의하면, 혜순이와 루즈벨트 대통령의 이야기가 소문이 퍼지자 "크리 스마스 씰의 보급은 마치 팔뚝에 활력소 주사를 맞은 것 같았다."고 하며, 사람들 의 크리스마스 씰에 대한 호응이 눈에 띄게 변했다고 회고하고 있다(『조선회상』, 569쪽).

15 Stephen J. Hasegawa, Dr. Sherwood Hall's Christmas & New Year Seals of Korea: 1932-1040, Personal publications, 2006, pp.62-72.

16 Stephen J. Hasegawa, ibid., pp.71-72.

17 Stephen J. Hasegawa, ibid., p.59.

18 유일한이 미국에서의 유학을 마치고 1926년 귀국하여 유한양행을 설립한 이후, 당 시 결핵에 걸린 많은 사람들의 치료를 위해 결핵 약을 판매하고 있었다는 점에서 크리스마스 씰과의 관계를 엿볼 수 있지만, 1933년부터는 수입하고 있었던 진통소 염제 안티프라민을 개발했었다는 점은 접어두고라도 홀 박사가 1937년의 씰 발행 안내서에 그의 글을 인용하고 있었다는 점은 아마도 홀 박사와 유일한의 관계가 한국에서 결핵 퇴치라는 접점 속에서 연결되고 있었다는 것도 추측케 한다.

19 대소형의 엽서가 제작된 것은 외국발송용(대형)과 국내발송용(소형)으로 구분할 필요가 있었기 때문이다. 그렇기 때문에 외국발송용 대형 엽서에는 국한문 문자를 인쇄하지 않던 것이며, 국내용의 소형 엽서에는 국한문 혼용으로 결핵에 관한 주의사항을 인쇄하여 예방을 홍보하고 있다.

20 이창성, 「韓國의 크리스마스 씰 夜話(3)」, 『보건세계』37-8, 대한결핵협회, 1990, 58쪽.

21 신동규, 앞의 논문(2015), 375-376쪽.

22 「三千九百名 發病者에 二千四百名이 他界 結核病者의 可驚할 死亡率 인류 공동의 적인 결핵 환자 절멸하고자 結核豫防協會創設」, 『每日申報』, 1934년 10 월 9일.

23 「朝鮮結核豫防協會 今日吾後三時朝鮮호텔에서 盛大한 發會式擧行」, 『每日申報』, 1936년 4월 8일.

24 여기서 언급한 포스터 크기의 씰 복사품이라는 것은 판매용 포스터를 의미하는 것이다.

25 한국크리스마스씰수집회편, 『한국 크리스마스 씰 수집회』NO.3, 한국크리스마스씰수집회, 1993.

26 본 자료는 씰 수집가 고 서원석의 손자 서동욱이 소장하고 있는 것으로 현재까지 전 세계에서 1점만 확인되는데, 이미지는 필자가 직접 방문하여 촬영한 것이다.

27 海州救世療養院出版部, 『療養村』, 海州救世療養院出版部, 1938-1940. 이 잡지는 1부에 10전, 6개월에 55전, 1년에 1원, 특별호 20전에 판매되고 있었다(『療養村』4집, 1938, 63쪽). 한편, 해주구세요양원의 『療養村』 잡지는 희귀 자료로서 서강대학교 로욜라중앙도서관에 4 · 13 · 14 · 16집, 연세대학교 국학자료실에 7집이 소장되어 있다.

28 이들 홍보인쇄자료에 대해서는 제1장을 참조.

제 4 장
해주구세요양원 결핵퇴치
홍보물의 판매와 수익금 활용

1. 머리말

해주구세요양원에서 결핵 환자의 진료와 결핵 연구, 나아가 결핵기금 확보를 위한 한국 최초의 '크리스마스 씰'(이하 '씰'로 약칭)을 제작하여 1932년부터 1940년까지 발행하고 있었다는 사실은 앞장에서도 살펴본 바이다. 하지만, 씰만 발행한 것은 아니었다. 결핵예방과 퇴치를 위한 기금 마련의 일환으로써 다양한 홍보자료와 판매품을 제작했는데, 그중에는 비매품과 판매품이 있었고, 이중에서 판매품은 전액이 결핵기금으로 활용되면서 열악했던 식민지 조선의 결핵예방과 퇴치에 커다란 분기점을 마련하였다.

이들 홍보자료에 대해서는 이미 제3장에서 ①홍보용 소책자, ②모금용 편지, ③촛불 봉투와 씰 봉투, ④씰 발행 안내서, ⑤씰 카드와 씰 엽서, ⑥한지연하장과 목판연하장, ⑦보건증권, ⑧홍보용 미니 포스터와 씰 포스터, ⑨퍼즐 맞추기와 달력 등을 기타 홍보물로 분류하여 그 성격을 검토하였지만, 이들 홍보자료가 어떻게 판매되고 사용되었는지에 대한 검토는 과제로 남겨두고 있었다. 이에 본장에서는 이 문제점들에 대해 다음과 같은 목적을 가지고 검토해보고자 한다.

첫째는 요양원에서 발행한 각기의 홍보자료들이 얼마의 가격에 어떠한 경로로 판매되고 있었는가를 파악하는 것이다. 당시 홍보자료 중에서 판매품의 대부분은 해주구세요양원의 '크리스마스 씰 위원회' 위원들이 전국을 순회하며 실시한 '씰 캠페인'과 우편에 의해 판매되고 있었으며, 판매품들은 대중들에게 상당한 인기를 얻으면서 수익을 올리고 있었는데, 이에 대한 면밀한 검토는 당시 해주구세요양원의 활동 전모를 파악하기 위한 기초적 연구가 될 것이다. 둘째, 홍보자료의 판매 수익금이 결핵퇴치를 위해 어떻게 사용되었는지를 규명해보고자 한다. 이것이 바로 해주구세요양원의 결핵예방과 퇴치활동의 가장 핵심적인 부분으로 한국의 결핵사에 명확히 각인되어야 할 부분이기도 하다.

2. 홍보자료를 통한 '씰 캠페인'과 대중의 호응

그간 해주구세요양원이 식민지 조선의 결핵예방과 대책에 중심적인 역할을 해왔고, 요양원에서는 그 기금을 마련하기 위해 크리스마스 씰 관련의 다양한 홍보물과 판촉물을 제작하여 무료 배부 또는 판매하고 있었다는 것은 이미 주지한 바이다. 그러나 이러한 자료들이 어떠한 방법으로 홍보되어 얼마에 판매되었는지, 또 요양원의 판매활동은 어떻게 이루어졌는지에 대한 연구는 이루어지지 않았다.

요양원의 홍보자료에는 무료 배부의 비매품으로 결핵기금 모금요청이나 홍보용의 순수한 목적에서 발행된 '홍보용 소책자'(일부 판매), '모금용 편지', '미니 포스터', '씰 발행 안내서', '촛불 봉투'와 '씰 봉투'(특별가로 일부 판매), '결핵관련 책자'가 있으며, 판매품으로는 포스터(양지·한지), '목판연하장'과 '한지연하장', '씰 카드'와 '씰 엽서', '결핵관련 책자', '퍼즐 맞추기'와 달력, '보건증권' 등이 있다.[1] 물론, 비매품이 판매되는 성우도 일부 있었지만, 기본적으로 비매품과 판매품의 판매 여부와 가격은 이른바 '주문용 엽서'([자료7·8])라는 자료를 통해 확인할 수 있다(후술).

먼저 무료 배부된 홍보용의 비매품을 살펴보겠다. 다만, 한 가지 부언 해두고 싶은 것은 본장에서 이용한 자료들의 이미지는 이미 앞장에서 제시한 것들도 있지만, 논지 전개상 필수적이기 때문에 항목별로 대표 이미지 한 개씩만을 인용하여 예시로 삼도록 하겠다.

비매품의 첫 번째는 [자료1]의 '홍보용 소책자'[2]인데, 이 책자는 ①홀 박사에게 온 개인편지, 세계 각지로부터 요양원에 기부된 결핵기금의 현황, ②'크리스마스 씰 위원회'의 결핵퇴치를 위한 모금활동과 씰 판매 실적, ③모금된 결핵기금의 사용처, ④요양원의 활동 등을 홍보한 것으로 본고를 고찰하는데, 가장 기본적인 자료이기도 하다. 1932년 첫 발행

[자료1] 1932년 홍보용 소책자(89mm×150mm) [자료2] 1935년 미니 포스터(191mm×267.5mm)

FOR THE PREVENTION AND CURE OF TUBERCULOSIS

黃 海 道 海 州 救 世 療 養 院
SCHOOL OF HYGIENE FOR THE TUBERCULOUS
(KOREA'S FIRST TUBERCULOSIS SANATORIUM)

HAIJU, KOREA

DR. SHERWOOD HALL
SUPERINTENDENT

KOREA'S FIRST CHRISTMAS SEAL SALE 1932
HEALTH AND GOOD-WILL !

CONSULTING PHYSICIANS
DR. J. D. BIGGER, PYENGYANG
DR. A. G. ANDERSON, PYENGYANG
DR. S. H. MARTIN, SEOUL
DR. A. G. FLETCHER, TAIKU
DR. L. C. BRAND, CHUNJU
DR. E. ANDERSON, WONSAN
DR. NANCY BORROW, YOJU
EVANGELIST
REV. H. K. OH
BIBLE WOMAN
TAIHE KIM

ATTENDING PHYSICIANS
DR. MARIAN B. HALL
DR. Y. J. KIM
DR. H. CHUN

TECHNICIAN
P. S. KIM

HEAD NURSE
UNA IM. R. N.

Dear Friend,

Buying Christmas Health Seals has become a beautiful custom in many lands.

Will you help introduce this beautiful custom to Korea and thus have a unique share in this pioneer work, where help in the fight against tuberculosis is so sorely needed.

Each gayly colored bit of paper represents health, happiness, and a chance for both body and soul to many unfortunate Koreans who have been exposed to Tuberculosis through no fault of their own.

The use of Christmas seals on holiday letter, cards, and packages will help mightily in the crusade against tuberculosis as well as to carry greetings of goodwill from friend to friend everywhere.

In buying Christmas seals you make a gift of health to many who are in need:- Little children are struggling for a chance to live, stricken men, compelled to look on as their wives and children battle for livlihood, and young women and youth yearning for the great adventure of life, halted at its threshold.

When you are planning the joys you will bring to your own dear ones, will you remember those just as dear to some one else whose Christmas is darkened by the dread disease tuberculosis?

The School of Hygiene for the Tuberculous will act as your agent in helping tuberculosis sufferers all over Korea and Manchuria and in preventing the spread of tuberculosis.

Have a historic share in Korea's First Christmas seal.

Buy all we have enclosed, if you can, and if you can increase your gift it will help so much the more. We get no Mission appropriation and the need is very great. Those seals you cannot use, you need not return and we hope you will kindly distribute these to your friends, as it will thus help further tointroduce the Christmas seal and spread the gospel of good-will.

With Season's Greetings

Yours sincerely,

Sherwood Hall
Chairman of Christmas Seal Committee.

[자료3] 1932년 모금용 편지(211mm×273mm). 다만 이 자료는 수집할 당시부터 상단과 하단 및 좌우의 일부분이 잘려있는 상태인데, 이것은 아마도 필자 이전의 수집가가 앨범에 맞추어 절단한 것으로 추측된다.

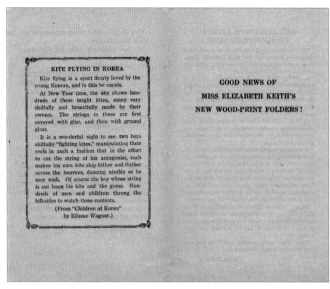

KITE FLYING IN KOREA

Kite flying is a sport dearly loved by the young Korean, and in this he excels.

At New Year time, the sky shows hundreds of these bright kites, many very skilfully and beautifully made by their owners. The strings to these are first covered with glue, and then with ground glass.

It is a wonderful sight to see two boys skilfully "fighting kites," manipulating their reels in such a fashion that in the effort to cut the string of his antagonist, each makes his own kite skip hither and thither across the heavens, dancing nimbly as he may wish. Of course the boy whose string is cut loses his kite and the game. Hundreds of men and children throng the hill-sides to watch these contests.

(From "Children of Korea" by Ellasue Wagner.)

GOOD NEWS OF
MISS ELIZABETH KEITH'S
NEW WOOD-PRINT FOLDERS !

[자료4-1] 1936년 씰 발행 안내서(대형 앞면, 175.5mm×146mm)

MISS ELIZABETH KEITH'S
WOOD-PRINT FOLDERS

The Christmas Seal Committee of Korea takes pleasure in announcing that Miss Elizabeth Keith, Korea's much honored and beloved artist, has already designed the 1936 Christmas Seal.

In addition Mr. S. Sato, Japan's famous creator of wood-prints has made some very artistic Christmas folders. This lover of the artistic has brought out the vital quality of Miss Keith's design and has secured the desired colour effects in a remarkable way.

On these most attractive wood-print folders space is provided for inscribing your name and Christmas or Birthday Greeting. Also they make most attractive pictures for framing.

It would be well to place your orders early as it is hard to meet the great demand for Miss Keith's wood-prints and, as it is pains taking hand work, only a limited number can be supplied but we wish to give our generous Christmas Seal patrons first chance. Those who place their orders early will have the additional assurance of the personal supervision of Miss Keith and Mr. Sato in making the wood-prints.

We have made the price most attractive only 20 sen (10 cents) for a genuine Keith wood-print folder including envelope. Since the price is so low please include a little extra for postage and send your check in advance.

Please place, where possible, your order with your own local chairman or Sherwood Hall.

Haiju, Korea

Miss Keith's sister writes concerning the wood-print folders :

We are delighted with the Christmas wood-print folder. It is perfectly done. The printing is beautiful !

If you were selling them in Tokyo they would bring much more than the small price which you are charging for them.

It makes such a charming little print !

With kindest regards,

Sincerely yours,

(Signed) JESSIE M. KEITH

ATTRACTIVE CHRISTMAS AND
HOLIDAY STATIONERY

We also wish to announce that we have a limited supply of Holiday stationery suitable for writing your Christmas and circular letters and also your "thank you" letters. Your friends will like it and so will you.

Special price 30 sheets and envelopes for Yen 1.00 (50 cents) (postage extra).

[자료4-2] 1936년 씰 발행 안내서(뒷면)

이후 1933년부터는 영어를 비롯해 한국어와 일본어로도 발행되었으며, 1935년까지 발행된 것으로 확인되는데 한국어와 일본어 발행본은 현재까지 미발견 상태이다. 기본적으로 순수한 홍보 목적으로 무료 배부를 원칙으로 하고 있었지만, 일부는 판매되기도 했다. 1935년 홍보용 소책자에 의하면, 서울에 있었던 바커(Rebecca W. Barker)라는 인물이 "『(한국의) 첫 번째 크리스마스 씰 이야기』의 인쇄본 여유가 있으신지요. 50원을 동봉합니다. 이 금액은 내가 주문한 양의 금액에 미치지 못하겠지만, 이것을 시작으로 삼아 올해는 최고의 해가 되리라 믿습니다."[3]라고 홀 박사에게 편지를 보내고 있다. 즉, 소책자가 공식적으로 판매된 것은 아니지만 일정 부분 필요에 따라 판매되고 있었음을 확인할 수 있는데, 그 판매 기준은 명확하지 않다.

이러한 비매품에는 결핵예방과 홍보 및 씰 판매 촉진을 위한 미니 포스터(국문·일문 혼용, [자료2])와 결핵기금 확보를 위해 외국에 발송한 '모금용 편지'([자료3]), 크리스마스 '씰 발행 안내서'([자료4]), 앞면에 촛불이 도안된 일명 '촛불 봉투'([자료5])와 씰이 도안된 '씰 봉투'([자료6])가 있다. 이 중에서 '모금용 편지'와 '촛불 봉투' 및 '씰 봉투'는 해주구세요양원과 홀 박사의 홍보자료 발송 및 결핵기금 확보를 위한 편지 발송용으로 사용되었으며, 나머지는 홍보용으로 무료 배부되었다.

다만, 1936년도 '씰 발행 안내서' 대형의 뒷면인 [자료4-2]에 의하면, "편지지 30장과 봉투 특별가 1원(50cents)[송료별도]"이라고 밝히고 있어 봉투와 편지지도 '홍보용 소책자'의 경우와 마찬가지로 편의에 따라 특별히 판매되기도 했음을 알 수 있다.

한편, '주문용 엽서'는 약간 인쇄 내용이 다른 [자료7]의 A형과 [자료

[자료5] 1934년 촛불 봉투(157mm×93mm)

[자료6] 1939년 씰 봉투(170mm×94mm)

8]의 B형이 존재하는데,[4] A형에는 "요청하면, 무료 항결핵 책자를 보내
드립니다."라고 되어 있으며, B형 (10)번에는 "ⓐ무료 항결핵 책자, ⓑ
『결핵에 관해 우리가 알아야할 사실』은 첫 번째 판본이 소진될 때까지
무료 송부, ⓒ또한, 한정판 포스터"라고 인쇄되어 있기 때문에 일부 '결
핵 관련 책자'를 비롯해 포스터의 일부도 무료로 배부되고 있었음을 확
인할 수 있다.

ORDER BLANK

(1) Christmas Seals
    (a) Booklets ¥1.00 each   number............
    (b) Sheets   ¥ 1.00 „   number............
(2) Christmas Seal Enlargements, Poster size
    (a) Plain paper ¥ 1.00 each   number............
    (b) Korean Paper ¥ 1.50 each   number............
(3) Christmas Seal Woodprint folders
    With envelopes, 20 sen each   number............
(4) Christmas Seal Korean Paper Folder
    With envelopes, 10 sen each   number............
(5) Christmas Seal Cards
    With envelopes, 2 for 10 sen   number............
(6) Special Christmas and New Year Cards for Korean
    use. (Stork Design) 2 for 5 sen
    (a) With Health Rules   number............
    (b) Without Health Rules   number............
(7) Books on Tuberculosis in Korean
    (a) A Health Guide For a
        Tendency to Tuberculosis.
        20 sen each   number............
    (b) Tuberculosis, A Preventable and
        Curable Disease 60 sen each.   number............
(8) Jig-Saw Puzzle. Elizabeth Keith
    Design, ¥ 2.50   number............
(9) Health Bonds
    Silver Bond ¥ 10.00   number............
    Gold Bond ¥ 20.00   number............
    Life Bond ¥ 100 00   number............
(10) Free anti-tuberculosis tracts
    sent on request   number............

If possible please send your checks in with the order,
and include a little extra for postage. Make checks
or money orders payable to Dr. B. Block, Pyeng Yang,
or Dr. S. Hall, Haiju, Korea.

Signed.......... ....

Address........................... . ...

[자료7] 1934년 주문용 엽서 A형(뒷면, 89mm×142mm)

ORDER BLANK

(1) Christmas Seals
    (a) Booklets ¥1.00 each   number............
    (b) Sheets   ¥ .50 „   number............
(2) Christmas Seal Enlargements, Poster size suit-
    able for Framing ¥1.00 each number............
(3) Christmas Woodprint folders
    with envelopes, 20 sen each   number............
(4) Christmas Seal Korean paper Folders
    with envelopes, 10 sen each   number............
(5) Christmas Seal Cards
    with envelopes, 2 for 10 sen   uumber............
(6) Special Christmas and New Year Post Cards for
    Korean use. 2 for 5 sen
    (a) With Health Rules   number............
    (b) Without Health Rules   number............
(7) Books on Tuberculosis in Korean
    (a) "Facts Everyone Should Know About
        Tuberculosis." 10 sen each   number............
    (b) "A Health Guide for those who have a
        Tendency to Tuberculosis."
        20 sen each   number............
    (c) "Tuberculosis, A Preventable and
        Curable Disease" 60 sen each   number............
(8) Christmas Jig-Saw Puzzle. ¥2.50 number............
(9) Health Bonds
    Silver Bond ¥10.00   number............
    Gold Bond   ¥20.00   number............
    Life Bond   ¥100.00   number............
(10) (a) Free anti-tuberculosis tracts
                                       number............
     (b) "Facts Everyone Should
         Know about Tuberculosis"
         will be sent free until the first
         printing is exhausted   number............
     (c) Also a limited Supply of Posters
                                       number............

If possible please send your check in with the order,
and include a little extra for postage. Make checks
or money other payalbe to Dr. B. Block, Pyeng Yang,
or Dr. S. Hall, Haiju, Korea.

Signed.................................... ....

Address...........................

[자료8] 1934년 씰 주문용 엽서 B형(뒷면, 89mm×142mm)

여기서 언급된 한정판 포스터가 어떤 포스터인지 불확실하지만, 실제로 홀 박사는 사람들의 시선을 끌 수 있는 결핵 퇴치용 포스터를 만들어 전국에 있는 학교와 병원 책임자들에게 보내고 있었다. 홀 박사의 자서전에 의하면, 그는 '씰 캠페인'에 대해 별로 대수롭지 않게 여기는 사람들이라 할지라도 포스터를 받으면 자기가 속한 기관에 전시하는 일을 반대하지 않을 것이라고 생각하고 있었으며, 우편물의 겉봉에는 "선물임, 무료 증정"이란 글자를 적어 함께 보낼 계획을 세우고 있었다.[5] 즉,

[자료9] 1935년 씰 포스터 대형(한지, 465mm×406mm) [자료10] 1935년 씰 포스터 소형
(양지, 467mm×636mm)

포스터는 '씰 캠페인'과 홍보자료 판매증진의 일환으로 무료로 배부되기도 했던 것이다.

　다음으로 판매용 홍보자료의 가격과 판매 상황에 대해서 '주문용 엽서'와 '홍보용 소책자'를 토대로 검토해 보겠다. 포스터는 당해 연도의 씰 도안을 이용한 한지와 양지 두 종류가 있는데, 여기에는 다시 결핵예방 홍보문구가 없는 대형과 홍보문구가 인쇄되어 있는 소형이 존재한다.[6] [자료9]의 한지 포스터는 1장당 1.5원, [자료10]의 양지 포스터는 1원에 판매되고 있었으며, 홍보자료 중에서도 상당한 인기를 끌어 판매액이 높았던 품목 중의 하나이다.

　1933년 홍보용 소책자에는 비거 박사가 홀 박사에게 편지를 보내 "포스터는 우리가 원했던 것이며 우리는 사람들의 관심을 끌만한 교회, 학교 그리고 가게 앞에 붙여 놓을 것이다. 이렇게 하는데 약간의 시간이 소요되겠지만, 우리는 2·3주일 안에 상당한 엽서와 씰이 도내의 구석구석까지 퍼져나갈 것을 확신합니다."[7]라고도 언급하고 있었다. 또 1934년에는 광주의 루이스 브렌드라는 사람은 '씰 캠페인'의 일환으로 일부 상점에 포스터를 붙이고 그곳에서 크리스마스 씰도 판매하는 형태를 취하였는데, 더 많은 포스터를 보내달라고 홀 박사에게 주문하고 있었다는 점,[8] 1935년에는 포스터를 1934년보다 두 배를 만들었지만 수요량을 맞추기 위하여 추가 인쇄를 해야만 했고 씰의 도안이 국내는 물론 외국인 모두에게 인기가 있어 잘 팔렸다고 홀 박사가 언급하고 있었던 점,[9] 동년에 전국 각지로부터 추가 주문이 있었다는 점[10]으로부터도 포스터의 인기를 짐작할 수 있으며, 이것은 크리스마스 씰의 판매고를 올리는데도 큰 도움이 되었다.

다음으로 목판연하장과 한지연하장이다. [자료11]과 같은 목판연하장은 두꺼운 종이를 반으로 접어 표지에 목판화를 붙인 형태이고, [자료12]의 한지연하장은 섬유소가 보이는 한지에 당해 연도의 씰 도안을 인쇄한 형태이다. 본고에서는 1934년 자료를 예시로 들었는데 목판연하장은 1934년부터 1940년까지 발행되었으며 1장에 20전(봉투 포함)이었고, 한지연하장은 1934년과 1935년에만 발행되었는데 1장에 10전(봉투 포함)이었다.

목판연하장도 포스터와 마찬가지로 국내외에서 상당한 인기를 끌었던 품목으로 1934년 홍보용 소책자에 의하면, 도쿄에 살고 있던 제시에 키스(Jessie M. Keith)라는 여성(엘리자베스 키스의 여동생)은 홀 박사에게 편지를 보내 "우리는 크리스마스 목판화 카드를 받고 매우 기쁜 마음입니다. 그것은 완벽히 만들어졌습니다. 와타나베 선생의 인쇄물은 매우 아름납

[자료11] 1934년 목판연하장(23mm×182mm)　[자료12] 1934년 씰 한지연하장(175mm×137mm)

습니다. 만약 도쿄에서 그것을 판매한다면 당신이 책정해 놓은 금액보다 더 비싸게 팔 수 있을 것입니다. 그것은 매우 매혹적인 작은 인쇄물입니다."[11]라고 언급할 정도로 예술적 가치와 함께 외국인들에게 인기가 있었음을 확인할 수 있다. 이런 이유로 1937년부터 목판연하장은 1장에 30전으로 가격이 상승하였는데, 이는 구입자의 수요가 많고 공급량이 부족한 상황을 반영한 것이었다.[12]

셋째는 [자료13-1]의 '씰 카드'(뒷면 백지)와 '씰 엽서'(뒷면 엽서 형식)인데, 이 두 자료 역시 당해 연도의 씰 도안을 이용해 제작되었다. 엽서에는 [자료14-1·2]에 보이듯이 홍보문구가 있는 소형과 [자료15]와 같이 문구가 없는 대형이 있으며, 씰 카드는 문구가 없는 대형만이 존재한다. 모두 1933년부터 1940년까지 발행되었는데, 2장에 10전이었지만, [자료16-1·2]에 보이는 1934년 학이 그려진 엽서 2종만은 2장에 5전이었다.

[자료13] 1933년 카드(86mm×137mm)　　[자료14-1] 1933년 엽서 소형　　[자료14-2] 1933년 씰 엽서 소형 뒷면
　　　　　　　　　　　　　　　　　　　　　　　(90mm×141mm)

　　엽서 또한 상당한 인기가 있어 1933년에 함흥의 선교의사 머레이로
부터 "이곳에서는 엽서와 씰에 대하여 큰 관심을 보이고 있습니다. 나의
첫 공급품은 동이 났으며 추가품은 아직 도착하지 않았습니다."[13]라는
편지를 받았을 정도였다. 이후 홀 박사도 "엽서는 개척 단계에서 매우
유용한 수단으로 받아들여졌고, 특히 공중건강지침(결핵예방 홍보문구)이
인쇄되어 있는 엽서는 매우 효율적이었으며 인기도 있었다."[14]고 자평하
고 있다. 다만, 엽서는 인기에 비해 가격이 저렴하여 수익이 적었다는 것
도 부언하고 있어[15] 엽서가 해주구세요양원에 그다지 많은 이익을 가져
다주지는 못한 것으로 추정된다.
　　넷째, '결핵관련 책자'도 판매용으로 제작되었는데, 전술한 '주문용 엽
서' B형의 (7)번에 의하면, 『결핵에 관해 모든 사람이 알아야할 사실(Facts
Everyone Should Know About Tuberculosis)』(20전), 『결핵 승세가 있는 사람을

[자료15] 1936년 엽서 대형
(87mm×140mm)

[자료16-1] 1934년 엽서 소형
(90mm×139mm)

[자료16-2] 1934년 엽서 대형
(90mm×140mm)

위한 건강가이드(A Health Guide For a Tendency to Tuberculosis)』(20전), 『결핵,
예방 및 치료할 수 있는 질병(Tuberculosis, A Preventable and Curable Disease)』
(60전)의 3권이다. 모두 결핵예방 및 퇴치 홍보를 위해 판매하였으며, 홀
박사의 자서전에 의하면 이러한 책자의 판매는 여러 경비를 해결하는데
큰 도움이 되었다고 한다.[16]

　다섯째, [자료17]에 보이는 '퍼즐 맞추기'와 달력이다. '퍼즐 맞추기'
는 200조각 1세트가 2.5원이었고, 달력의 가격은 알 수 없지만, 제작 시
기는 1930년대 후반으로 추정된다. '퍼즐 맞추기'가 제작되기 시작한 것
은 1933년 '캐럴 부르는 소년소녀' 씰 도안부터였는데, 1934년 엘리자베
스 키스가 도안한 '아기 업은 여인'도 제작된 것이 확인되고 있다.[17] 언제
까지 '퍼즐 맞추기'가 제작되었는지는 불확실하지만, 요양원에서 판매
한 홍보자료들 중에서 가장 인기가 많았던 것으로 여겨진다. 즉, 1933년

의 경우 홀 박사는 소책자에 평양 감리교 지부의 활동 상황을 소개하면
서 "(평양의) 패인 양은 '퍼즐 맞추기'를 최고로 많이 팔았다. 평양 감리
교 지부는 작년과 올해에 걸쳐 가장 열성적인 단체이며, 국내에서 최고
의 판매고를 올렸다. 한 회원은 50원 만큼이나 팔았다. 그들의 정열과 열
광은 아무런 막힘도 없었으며 조선인들도 그들의 정신을 이어받았다."[18]
고 언급하고 있을 정도였다.

[자료17] 1933년 '퍼즐 맞추기'(332mm×329mm)

당시에는 영국대사관의 로이드 부부도 상당한 지원을 하고 있었으며, 더욱이 로이드 부인은 부인들 모임에서 '퍼즐 맞추기'를 소개해주기도 했었다.[19] 2018년 6월 16일 또 가톨릭 선교회의 콜리만이 홀 박사에게 "퍼즐 맞추기를 잘 받았으며 그것을 매우 즐겼습니다. 당신의 자비로운 사업에 공헌될 기부금을 '퍼즐 맞추기' 가격과 함께 동봉합니다."라고 보내자 홀 박사는 "당신의 병원에 크리스마스 씰 그림인 '퍼즐 맞추기'의 선물을 권유합니다. 환자들에게 큰 만족을 줄 것입니다. 경주, 철원, 연변, 제물포 등 많은 지부로부터 좋은 소식들이 들려왔습니다. (중략) 당신의 성공은 다른 사람들을 격려할 것이고 우리 모두에게 격려가 될 것입니다."라고 하여 '퍼즐 맞추기'에 대한 홍보의 답장도 보내고 있었다.[20]

이 '퍼즐 맞추기'는 지속적인 인기를 모아 1935년도에 광주 씰 위원회의 브랜드라는 사람은 "우리 지부는 이번에도 크리스마스 '씰 캠페인'을 수행하기로 위원회에 약속했습니다. 우리는 열성적으로 시작할 것이며 조만간 최고의 캠페인이 될 것을 희망하고 있습니다. 판매용의 퍼즐 맞추기가 남아 있습니까? 우리는 학교와 병원, 시골지역 그리고 이 위대한 뜻을 가진 운동을 선전할 수 있는 모든 곳에 사용할 포스터도 필요합니다."[21]라고 추가 주문까지 하고 있었다. 당시 '퍼즐

[자료18] 1939년 씰 달력(149mm×295mm)

[자료19] 보건증권 국문(平生, 134mm×86mm)

맞추기'가 어느 정도 인기를 끌고 있었으며, 씰 관련 자료의 판매고를 높이는데, 상당한 효과가 있었음을 추측해볼 수 있다.

한편, 달력의 발행과 판매인데, 달력이 언제부터 제작되었는지 분명하지 않지만, 현재까지 1939년([자료18])과 1940년의 달력[22]이 발견되고 있다. 봉투와 함께 정교하게 제작된 것으로 보아 판매되었을 것으로 추측되는데, 가격을 알 수 없다.

끝으로 여섯 번째는 보건증권으로 1934년부터 발행되었다. 이 보건증권은 구입한 사람들에게 결핵예방을 위한 각종의 혜택을 부여해주는 증권으로서 평생, 금, 은의 3종이 있으며, 각기 국문과 영문(달러와 엔 표기의 2종류)을 포함해 전부 9종이 있다(본고에서는 [자료19]의 이미지 1종만 제시).[23]

1935년 '홍보용 소책자'에 의하면 이 증권을 처음 구입한 사람은 당시 크리스마스 씰 위원회의 명예회원이었던 쿠퍼 주교였으며, 보건증권에 등록된 인원만도 37명[24]으로 어떤 증권이 팔렸는지는 알 수 없지만, 증권을 발행한 초창기로서는 상당한 판매 액수라고 평가할 수 있다. 또, 이들 보건증권 뒷면에서 확인할 수 있는 것은 요양원에서 발행하는 각종 결핵예방관련 자료들과 홍보물을 구입할 수 있는 특전이 구분되어 있었다는 점인데, 이것으로부터 보건증권의 발행 목적에는 더 많은 홍보물의 판매 촉진이라는 목적도 내재되어 있었음을 생각해 볼 수 있겠다.

3. 홍보자료의 판매활동과 수익금 사용 실태

그렇다면 이들 판매용 홍보자료는 어떠한 형태로 판매되었고, 그 수익금을 어디에 어떻게 사용하고 있었을까. 이에 대해 가장 상세하게 기록하고 있는 것은 홀 박사의 『조선회상』과 '홍보용 소책자'이다. 여기에는 정확한 판매 수익금 액수뿐만이 아니라, 판매된 기관이나 병원, 구입한 인물까지도 기재하고 있어 다른 무엇보다도 요양원의 판매활동을 확인할 수 있는 1급 자료라고 할 수 있다.

우선 자서전을 보면, 1932년에는 7명으로 구성된 '보급 선봉대'를 전국 각지에 파견하여 결핵예방과 퇴치를 홍보하면서 씰을 판매했는데(『조선회상』, 528–529쪽), 씰만 판매한 것은 1932년 당시에 씰 이외에 판매할 홍보자료가 아직 발행되지 않았기 때문이다. 포스터가 제작되기 시작한 1934년부터는 보다 적극적인 판매활동이 전개되어 '씰 캠페인'에 영향을 줄 수 있는 핵심 인사들에 대한 개별적 서신 발송과 함께 판매 실적

CHRISTMAS SEAL COMMITTEE OF KOREA

193

Gratefully Received from

The Sum of Yen

For **CHRISTMAS SEALS**

  CARDS   **BONDS**

  PUZZLES   **HEALTH PAMPHLETS**

                    Per

FIGHT TUBERCULOSIS !   **BUY A HEALTH BOND AND MORE CHRISTMAS SEALS !**

[자료20] 1934년 무렵 씰 관련 물품 주문서(151.5mm×118mm)

이 가장 좋은 기관에 소정의 상금을 수여하는 방법이 채택되었으며(『조선 회상』, 535쪽), 앞에서 살펴본 '주문용 엽서'를 전국 각지의 기관에 보내 판 매용 홍보자료의 주문을 받기도 했다.

이와 함께 1934년 무렵에는 [자료20]에 보이듯이 요양원에서는 판매 를 위한 별도의 주문서[25]도 제작하여 판매에 효율성을 높이고 있었다. 이 주문서는 그간 발견되지 않았던 것으로 필자가 2016년에 해외 옥션에서 2세트를 새롭게 발견하여 수집한 것인데, 판매 물품의 목록이 기재되어 있어 흥미롭다. 즉, ①크리스마스 씰, ②씰 카드, ③보건증권, ④퍼즐 맞 추기, ⑤건강 팸플릿(Health Pamphlets) 등이 포함되어 있는데, 퍼즐 맞추기 가 들어 있다는 것은 1933년의 '캐럴 부르는 소년소녀' 이외의 씰 노안으로 퍼즐 맞추기가 제작되었다는 것을 유추케 한다. 또 건강 팸플릿이라고 되어 있는데, 이것은 전술한 주문용 엽서 B형([자료8])에 보이는 『결핵에 관해 모든 사람이 알아야할 사실』, 『결핵 증세가 있는 사람을 위한 건강가이드』, 『결핵, 예방 및 치료할 수 있는 질병』 등의 판매용 소책자라고 판단된다.

한편, '홍보용 소책자'에는 1932년의 활동 상황과 수익금의 사용 내역이 상세하게 실려 있는데, 그 활동 상황을 요약하면 다음과 같다.

[자료21]

① 자원봉사자(목사2, 의사3, 일반인2)들은 남쪽의 부산에서부터 북쪽의 성진(현재 김책시)까지 9,100명의 학생과 2,800명의 성인에게 씰과 결핵퇴치의 중요성 및 공중건강과 교육적 가치를 선전.

② 위원장(홀 박사)은 각 신문사 편집장을 만나 씰 캠페인 소개하고, 5대 일간지에 씰 캠페인의 게재 및 사설을 통한 지면 할애.

③ 요양원 환자들에 대한 씰 홍보 편지쓰기 요청과 환자들에게의 판매(70원 판매).

④ 3,000개의 크리스마스 씰 책자와 편지 발송.

⑤ 350원의 최종 수익금 확보.[26]

[자료21]의 ①에서 확인할 수 있듯이 한반도의 남단인 부산에서 함경북도의 성진, 즉 현재의 북한의 김책시에 이르기까지 결핵퇴치를 위한 홍보를 겸하여 씰의 판매활동을 벌이고 있었는데, 단 7인의 자원봉사자가 한반도의 거의 전체를 홍보활동의 대상 지역으로 삼고 있다는 점이

놀랄 만하다. 더욱이 결핵예방과 퇴치에 대한 홍보, 결핵홍보자료의 판매에 열정적이었다는 것을 대면한 학생이 9,100명, 성인이 2,800명이라는 인원수로부터도 알 수 있다. 또한, ③으로부터 5대 일간지에 씰 캠페인의 활동과 사설을 통한 홍보활동,[27] ④로부터는 전국적으로 3,000개의 크리스마스 씰 책자와 편지를 발송했으며, ⑤에서는 최종적으로 350원의 적은 액수이지만, 수익금도 올리고 있었다는 것도 확인할 수 있다. 그 수익금은 평양의 연합교회병원에 50원, 여주의 영국교회병원에 50원, 함흥의 캐나다통일교회병원에 50원, 서울 세브란스병원에 75원, 해주의 혜진학교에 75원을 배분하였고, 소책자를 만들기 위해 해주구세요양원의 '씰 위원회'에 30원, 나머지 20원은 결핵연구와 예방을 위한 검사 비용 등에 할당하고 있었다.[28]

1933년에도 마찬가지로 '씰 위원회'에서는 캠페인 활동을 11월 10일부터 시작했다. 그 활동은 ①7대 신문사와 정기간행물들이 '씰 캠페인'에 관해 유효적절하고 반복적으로 지면을 할애해 주었기 때문에 결핵에 대한 큰 홍보를 보았다는 것, ②세 곳의 큰 회사에서도 커다란 광고 면적을 씰 캠페인에 할애해 주었다는 것, ③9,000매의 씰과 항결핵 문헌 및 편지를 선교회의 손이 미치지 못하는 먼 곳까지 보냈다는 것, ④27,000여 명의 학생과 약 성인 1만 명에게 씰에 대한 이야기와 결핵 및 예방에 관한 홍보활동을 했다는 것, ⑤수익금이 1,118.09원으로 증가했다는 것이 확인되고 있는데,[29] 이 성과는 1932년에 비해 비약적인 성공을 거두었다고 평가할 수 있다. 그만큼 씰 위원회의 캠페인이 기반을 잡아가기 시작했다는 것을 의미하는 것이다.

또한, 1933년의 수익금은 후원회인 '조선의료선교협회'에 의해 결산·분배되었는데, 환자를 수용한 침대 숫자에 기초하여 결핵사업을 추진하고 있는 기관, 즉 평양과 함흥, 해주구세요양원과 서울의 세브란스 결핵병동, 대구와 광주 등에 1,012.2원을 분배하였으며, 나머지 수익금 105.89원은 1934년 캠페인을 위하여 남겨두었다.[30] 당시 홀 박사는 이러한 성과에 대해 "1933년 캠페인은 우리의 공동의 적인 결핵을 상대로 모든 단체, 국가 및 종교가 하나가 될 수 있음을 증명하였다. (중략) 아직까지는 결핵이 증가하고 있지만, 조선 내에서의 결핵에 의한 사망률과 보균율이 감소될 것을 확신한다."[31]라고 하며 해주구세요양원의 결핵홍보와 퇴치활동에 대한 다대한 성과에 만족하는 소감을 밝히고 있다.

1934년의 씰 캠페인은 11월 7일에 공식적으로 시작되었고, 제일 처음 씰을 구입한 사람은 황해도 도지사였다.[32] 특히 1934년에 어떤 사람은 한 번에 2만장의 씰을 구입하기도 했으며, 그리스도교 관련이 아닌 많은 학교에서도 씰을 요청하여 판매량이 증가했기 때문에 물량 수급을 맞추기 위해 근무시간 외에도 인쇄 작업을 계속하는 현상도 벌어졌다.[33] 그만큼 결핵 홍보를 위한 캠페인 활동도 범위가 확장될 수밖에 없었는데, 그 성과는 아래와 같다.

[자료22]

① 방문한 가정·학교·교회의 총수 3,000곳 이상.

② 결핵에 관한 좌담 횟수 420회 이상.

③ 건강 좌담을 경청한 대략적 인원 : 성인 15,000명, 학생 36,000명.

④ 개략적 배분 숫자 : 결핵관련 책자 500부, 항결핵 팸플릿 25,000장.

⑤ 결핵이 발견되어 기관에 보내진 인원 56명.

⑥ 보건증권에 등록된 인원 35명.

⑦ 순 이익금 1,507.81원.[34]

1932년에는 성인 2,800명과 학생 9,100명에게만 결핵홍보 활동을 선전했었으나, 1934년에는 [자료22]의 ③에 보이듯이 성인 15,000명, 학생 36,000명으로 대폭적인 홍보활동의 성장이 이루어지고 있다. 방문한 가정과 학교만도 3천 곳 이상이며①, 캠페인 중에 배부된 결핵 책자가 500부, 항결핵 팸플릿만도 25,000장이다④. 또 1934년부터는 보건증권을 발행하고 있었는데, 35명이 등록하여 1,507.81원의 수익금을 올리고 있었다(⑥⑦). 이 수익금은 1933년과 마찬가지로 '조선의료선교협회'에 의해 결산·분배되었는데, 결핵사업을 시행하고 있는 기관에 환자의 침대 개수에 따라 1,000원을 분배하였고, 지역분배의 개념으로써 한반도의 북부 2곳(평양·함흥), 중앙 2곳(해주구세요양원·세브란스 결핵병동), 남부 3곳(대구·광주·전주)에 혜택을 주었으며, 나머지 507.81원은 1935년 캠페인 준비금과 더 많은 항결핵 문헌을 발행하기 위한 비용으로 남겨두었다.[35]

1935년의 홍보활동을 통한 판매와 수익금의 사용에 대해서도 이전과 마찬가지로 '홍보용 소책자'에 상세히 언급되고 있으며, 기재된 활동성과는 다음과 같다.

[자료23]

① 방문한 가정, 학교 및 교회의 총수 5,000곳 이상.

② 결핵에 관한 좌담 횟수 560회 이상.

③ 건강좌담을 경청한 개략적인 인원 : 성인 22,000명, 학생 48,000명.

④ 개략적인 배부 숫자 : 결핵관련 책자 5,600부, 항결핵 팸플릿 5만장.

⑤ 결핵이 발견되어 기관에 보내진 인원 78명.

⑥ 보건증권에 등록된 인원 37명.

⑦ 순 수익금 1,791.22원.[36]

즉, [자료23]의 활동 수치들은 그 이전과 비하면 모든 항목에서 상당히 발전된 성과를 보이고 있다. 즉 ①에서는 방문한 곳이 5,000곳 이상, ②에서는 결핵관련 좌담 횟수가 560회 이상, ③에서는 좌담의 경청 인원이 성인 22,000명, 학생 48,000명이라는 수치를 기술하고 있는데, 이것은 당시 요양원의 결핵 홍보활동이 얼마만큼 확산되었는지를 잘 보여주고 있다. 또한, ⑦에는 홍보자료 판매의 순 수익금이 1,791.22원으로 기재되어 있는데, 이는 1932년 홍보활동을 시작한 이래로 최고의 판매액이었다. 수익금은 예년과 마찬가지로 해주구세요양원에서 임의로 사용한 것이 아니라 '조선의료선교협회'에 의해 결산·분배되었는데, 결핵사업을 시행하고 있는 기관의 환자용 침대 개수에 따라 1,000원을 한반도의 북부 3곳(용정천·평양·함흥), 중앙 2곳(해주구세요양원·세브란스 결핵병동), 남부 2곳(대구·광주)에 지급되고 있었다.[37] 수익금 중에서 585.22원은 공중보건에 관한 문헌을 무료로 배포하는데 사용되었고, 나머지 206.05원은 1936년 캠페인 준비금과 더 많은 항결핵 문헌비용으로 사용하기 위해 남겨두었다.[38]

한편, 1936년도부터의 '홍보용 소책자'는 아직 미발견 상태이다. 발행되었는데, 발견되지 않은 것인지, 아니면 당초부터 발행되지 않았던 것인지 명확히 알 수 없고, 이로 인해 이후의 홍보활동이나 홍보자료의 판매액을 명확히 알 수 없다. 다만, 이후의 수익금 사용처는 1934년도 12월에 해주구세요양원에서 발행한 「크리스마스 씰 선전문」(본서 제1장의 [자료14·15]를 참조)에 수록된 「1934년도 크리스마스 씰 수익금 사용도예정(使用途豫定)」에 따라 집행되었을 것으로 사료된다. 즉, "①결핵예방 및 박멸에 적극적인 운동을 위하여, ②경제적 사정으로 인하여 요양할 도리가 없는 불쌍한 청년남녀를 위하여, ③결핵병리연구 및 결핵연구소를 위하여, ④결핵병 요양의 책자 비용을 위하여"[39]라는 기준이다. 물론, 이 자료가 1934년도의 수익금에 대한 1935년도의 사용처를 예정한 것이기는 하지만, 그 이전에도 이 기준을 벗어나지 않았고, 또 그 이후에도 홀 박사의 자서전이나 해주구세요양원 발행의 『요양촌(療養村)』이라는 잡지를 보더라도 이 기준 이외에 다른 곳에 사용된 흔적은 보이지 않는다.

이렇듯 홀 박사 자신이 요양원의 원장이면서도 1932년 이래로 '씰 캠페인'에 의한 씰과 홍보자료의 판매 수익금 전액을 해주구세요양원의 운영비가 아닌 결핵 환자들을 위해 사용하고 있었다는 것은 그가 평소에 언급해왔던 그리스도교 정신의 구현이었다고 평가할 수 있다. 그러나 다른 무엇보다도 의미를 부여해야 할 것은 첫째로 "우리 조선에서도 여러 지사들의 성원과 협조로 이 사업이 성공하여 다른 나라와 같이 결핵병을 박멸하고 예방하여 건전한 사회가 건설되기를 바란다."[40]는 의사로서의 사명감이다. 둘째는 조선에서 태어나 식민지 조선의 결핵퇴치에 선구적 역할을 다했던 그가 일제에 의해 1940년 11월 억울하게 스파이 누명을 뒤집어쓰고 조선을 떠나는 부산항에서 태극기를 나무에 걸어두고 가족 모두가 '만세'를 외칠(『조선회상』, 711쪽) 정도로 조선에 대한 깊은 사랑이 있었다는 것도 염두에 두지 않으면 안 된다.

4. 맺음말

이상, 해주구세요양원의 다양한 결핵관련 홍보자료를 토대로 이 자료들의 판매활동과 수익금의 활용에 대해 검토해 보았는데, 세 가지 점으로 논점을 정리해 보면 다음과 같다.

첫째, 해주구세요양원에서 발행한 비매품과 판매품의 홍보자료에 관한 사항이다. 즉, 순수 홍보자료라고 하더라도 '홍보용 소책자'와 봉투 및 편지지의 사례에서 알 수 있는 바와 같이 일부는 편의에 따라 판매되었으며, 특히 비매품의 '홍보용 소책자', '모금용 편지', '미니 포스터', '씰 발행 안내서' 등에서는 판매용 자료까지도 홍보하고 있었다는 점에서 비매품이 일종의 판매증진을 위한 보조적 역할을 하고 있었다고 볼 수 있다.

둘째, 본고에서는 '주문용 엽서'를 통해 각기 홍보자료의 가격을 명확히 규명하였고, 동시에 이들 홍보자료들의 판매를 위한 '씰 캠페인'이 대중들의 인기 속에서 결핵기금의 확대로 이어져갔음을 밝혔다. 특히 포스터(1원, 1.5원)와 목판연하장(20·30전), '결핵관련 책자(10·20·60전)', '퍼즐 맞추기(2.5원)', '보건증권(10·20·100원)'은 상당한 인기를 모으게 되면서 판매 수익금의 증가로 연결되어 갔고, 1932년도 350원 → 1933년도 1,118.09원 → 1934년도 1,507.81원 → 1935년도 1,791.22원이라는 순수 수익금의 증가에서 알 수 있듯이 결핵기금 확보의 극대화로 이어졌다.

셋째, 판매활동의 방법과 수익금의 사용 실태에 대한 규명이다. 판매활동은 기본적으로 '씰 캠페인'과 핵심인사들에 대한 우편 및 '주문용 엽서'를 통해 이루어졌으며, 판매 증진을 위해 판매 성적이 좋은 기관에 대한 포상과 홍보자료의 '무료증정'이라는 방법도 이용되고 있었다. 한편 수익금은 대부분 ①결핵예방 및 박멸운동, ②빈곤한 결핵 환자, ③결핵 연구와 결핵연구소, ④결핵 관련 책자의 발간 비용에 사용되고 있었는데, 해주구세요양원의 운영에만 국한된 것이 아니라 전국 각지의 결핵 관련 기관과 병원에도 배분되고 있었다. 이러한 점들을 볼 때, 해주구세 요양원이 식민지 조선의 결핵예방과 퇴치를 위한 가장 핵심적인 기관이 었다는 것을 본고에서 다시금 확인할 수 있다. 다만, 식민지기의 병원이 나 조선총독부 관련 기관과의 비교·분석이 필요하지만, 이점은 당시의 결핵에 대한 인식 및 그 대응책과 함께 본서의 남겨진 과제로서 금후에 함께 검토하도록 하겠다.

미 주

1 본서 제3장 참조.

2 Sherwood Hall, THE STORY OF KOREA'S FIRST CHRISTMAS SEAL, Seoul Korea, Y. M. C. A. Press, 1933.

3 Sherwood Hall, THE STORY OF KOREA'S FOURTH CHRISTMAS SEAL CAMPAIGN, no publisher, 1936, pp.8-9.

4 하세가와 도록(Stephen J. Hasegawa, Dr. Sherwood Hall's Christmas & New Year Seals of Korea: 1932-1040, Personal publications, 2006, p.58.)에 의하면, '주문용 엽서'는 세 종류가 있지만, 본고에서는 두 종류만 소개한다.

5 셔우드 홀·김동열 역,『닥터 홀의 조선회상』, 좋은씨앗, 2003, 535쪽. 이하,『조선회상』으로 약칭함.

6 여기서 언급하는 대형과 소형이라는 의미는 자료의 전체 크기에 대한 개념이 아니라, 우취계에서 통용되는 자료 속에 씰 도안이 차지하는 그림의 범위에 따라 구분하는 것임.

7 Sherwood Hall, THE STORY OF KOREA'S 1933 CHRISTMAS SEAL CAMPAIGN, Seoul Korea, Y. M. C. A. Press, 1934, pp.9-10.

8 Sherwood Hall, THE STORY OF KOREA'S THIRD CHRISTMAS SEAL CAMPAIGN, Seoul Korea, Y. M. C. A. Press, 1935, p.13.

9 Sherwood Hall, ibid., 1936, p.3.

10 Sherwood Hall, ibid., 1936, p.5·12. 1935년 홍보용 소책자에 의하면, 함흥·순천·부산 등 전국 각지에서 포스터를 편지로 주문하고 있었음을 확인할 수 있다.

11 Sherwood Hall, ibid., 1935, p.18.

12 Sherwood Hall, ibid., 1935, p.19. 여기서 홀 박사는 목판화에 대해서 "실망하지 않으려면 미리 주문해둘 것을 충고합니다. 공급량은 제한적입니다."라고 언급하고 있다.

13 Sherwood Hall, ibid., 1934, p.7.

14 Sherwood Hall, ibid., 1936, p.16.

15 Sherwood Hall, ibid., 1936, p.6.

16 『조선회상』, 535-536쪽.

17 본서 제3장 제3절의 「달력과 퍼즐 맞추기」 참조.

18 Sherwood Hall, ibid., 1934, p.11.

19 Sherwood Hall, ibid., 1934, p.13.

20 Sherwood Hall, ibid., 1934, pp.13-14.

21 Sherwood Hall, ibid., 1935, p.8.

22 본서 제3장 제3절 「달력과 퍼즐 맞추기」 참조. 한편, 대구의 씰 수집가 강상준님과 의 전화 통화 및 제공받은 씰 수집 목록에서는 1938년의 달력도 소장하고 있는 것 으로 보이는데, 필자가 직접 확인한 것은 아니다. 1940년 달력은 본서 제3장 제3절 을 참조.

23 본서 제3장 제3절 「보건증권」 참조.

24 Sherwood Hall, ibid., 1936, p.3 · 17.

25 이 '씰 관련 물품 주문서'는 지금까지 전혀 소개되지 않았던 것으로 주문서 2장이 1세트로 구성되어 있으며, 구입 신청할 때에 2장 사이에 먹지를 대고 기입하면, 첫 장을 떼어내고 뒷장은 구입 신청자가 보관하는 형태로 제작되었다.

26 Sherwood Hall, ibid., 1933, pp.9-10.

27 신문매체에 의한 홍보활동 관련 기사에는 다음과 같은 자료들이 있다. 「해주요양 원 개시, 후원회까지 조직하여 조력, 각지에 특파원을 파송」, 『중앙일보』, 1932년 11월 29일 ; 「結核撲滅을 期코저 朝鮮的으로 運動 海州結核療養院을 中心으 로 撲滅後援會組織」, 『每日新報』, 1932년 12월 02일 ; 「폐결핵 퇴치운동의 큰 사업 '크리스마스 씰'의 유래 정말국 우편국원 '안나흠벨'이 시작(賀樂博士)」, 『동 아일보』, 1932년 12월 7일 ; 「結核病 豫防問題, 크리스마스씰을 機로」, 『동아일 보』, 1932년 12월 8일, 사설.

28 Sherwood Hall, ibid., 1933, p.10.

29 Sherwood Hall, ibid., 1934, p.2.

30 싱동.

31 Sherwood Hall, ibid., 1934, pp.2-3.

32 Sherwood Hall, ibid., 1935, p.1.

33 Sherwood Hall, ibid., 1935, p.2.

34 상동.

35 Sherwood Hall, ibid., 1935, p.3.

36 Sherwood Hall, ibid., 1936, p.17.

37 Sherwood Hall, ibid., 1936, p.19.

38 상동.

39 「크리스마스 씰 宣傳文」의 「1934年度 크리스마스 씰 收益金 使用途豫定」, 해주구세요양원, 1934년 12월.

40 海州療養院院長 賀樂(서우드 홀), 「폐결핵 박멸운동의 유일한 방법인 크리스마스 씰의 유래와 발전」, 『療養村』제4집, 海州救世療養院出版部, 1938.

참 고 문 헌

【연구논저】

Albert R. Zink et al, "Characterization of Mycobacterium tuberculosis Complex DNAS from Egyptian Mummies by Spoligotyping", J Clin Microbiol. 41-1, 2003.

Albert. F. Balla, Korea India, Tuberculosis Control in Two Lands(Reprinted from "WORLD OUTLOOK", 367), no publisher, no data.

Bruce M. Rothschild et al, "Mycobacterium tuberculosis complex DNA from an extinct bison dated 17,000 years before the present", Clinical Infectious Diseases. 33-3, 2001.

Dick Green, Green's Catalog of the Tuberculosis Seals of the World: Part III(Foreign Seals), The Christmas Seal and Charity Stamp Society, 1983.

Elsie Ball, THE PRESIDENT WRITES A LETTER, Haiju Korea, 1935.

Park Yun Jae, 「The work of sherwood Hall and the haiju tuberculosis sanatorium in colonial Korea」, 『醫史學』45, 大韓醫史學會, 2013.

Richard Miles, ELIZABETH KEITH-The Printed Works, Pacific Asia Museum, 1991.

Sherwood Hall, With Stethoscope in Asia : KOREA, MCL Associates, 1978.

Stephen J. Hasegawa, Dr. Sherwood Hall's Christmas & New Year Seals of Korea: 1932-1040, Personal publications, 2006.

The Korea Mission Field, The Basis of Withdrawal, The Korea Mission Field, March, 1941.

국립현대미술관, 『푸른 눈에 비친 엘리자베스 키스 展』, 국립현대미술관, 2006.

金光載, 「한국 크리스마스 씰의 硏究」, 『대한우표회회보』127, 대한우표회, 1961.

김성은, 「로제타 홀의 조선여의사 양성」, 『한국기독교와 역사』27, 한국기독교역사연구소, 2007.

김승태, 「1930~40년대 일제의 선교사에 대한 정책과 선교사의 절수·송환에 대한 소고」,『한국기독교역사연구소소식』75, 한국기독교역사연구소, 2006.

김승태·양현혜,「한말 일제강점기 일제와 선교사의 관계에 대한 연구(1894-1910)」,『한국기독교와 역사』6, 한국기독교역사연구소, 1997.

김정민,「로제타 셔우드 홀의 선교사역에 대한 연구」, 감리교신학대학대학원 석사학위논문, 2008.

남상욱,「씰 단상(斷想)-1935년 씰의 도안자는 누구인가?」,『보건세계』57-6, 대한결핵협회, 2010.

＿＿＿,「씰 단상(斷想)-일제시기 1940년 씰 도안의 미스터리(1회)」,『보건세계』631, 대한결핵협회, 2010.

＿＿＿,「씰 단상(斷想)-일제시기 1940년 씰 도안의 미스터리(2회)」,『보건세계』632, 대한결핵협회, 2010.

＿＿＿,「씰 단상(斷想)-일제시기의 씰 디자이너 "엘리자베스 키스"의 예술세계」,『보건세계』57-1·2, 대한결핵협회, 2010.

＿＿＿,「씰 단상(斷想)-한국 최초의 씰 이야기」,『보건세계』56-5, 대한결핵협회, 2009.

＿＿＿,「운보 김기창 화백이 씰 디자이너?」,『보건세계』57-5, 대한결핵협회, 2010.

內閣統計局,「我國の結核死亡率と乳兒死亡率」,『週報』제16호(『官報』제3024호 부록), 1937.

대한결핵협회,『세계의 크리스마스 씰』, 대한결핵협회, 1989.

＿＿＿＿＿,『한국의 크리스마스 씰』, 대한결핵협회, 2010.

＿＿＿＿＿,『한국의 크리스마스 씰』, 대한결핵협회, 2013.

로제타 셔우드 홀 저·현종서 역,『닥터 윌리암 제임스 홀』, 에이멘, 1994.

劉承仁,「국민보건운동과 亡國病 結核의 豫防」,『每日申報』, 1938년 10월 16일.

미국폐협회 저·조근수 역,「크리스마스 씰이라는 이름의 십자군」,『보건세계』39-10, 대한결핵협회, 1992.

朴潤栽,「조선총독부의 결핵 인식과 대책」,『한국근현대사연구』47, 한국근현대사학회, 2008.

박정희,『닥터 로제타 홀』, 다산초당, 2015.

박현수,「식민지 조선에서 결핵의 표상-나도향의 경우」,『泮橋語文硏究』34, 반교어문

연구회, 2013.

森田芳夫, 『朝鮮終戰の記錄:米ソ兩軍の進駐と日本人の引揚』, 巖南堂書店, 1964.

서원석, 「미국 스미소니언 박물관 탐방기-홀 박사가 기증한 한국 크리스마스 씰을 찾아서」, 『보건세계』40-6, 대한결핵협회, 1993.

………, 「한국의 크리스마스 씰」, 서원석 개인자료집, 출판년 미상.

셔우드 홀 저·김동열 역, 『닥터 홀의 조선회상』, 좋은씨앗, 2003.

송호성, 「크리스마스 씰」, 『새가정』166, 새가정사, 1968.

신동규, 「일제강점기 결핵전문 요양병원 海州救世療養院의 설립과 운영 실태에 대한 고찰」, 『韓日關係史研究』52, 한일관계사학회, 2015.

………, 「일제강점기 선교사 셔우드 홀(Sherwood Hall)과 크리스마스 씰(Christmas Seal)을 통해 본 한일관계에 대한 고찰」, 『韓日關係史研究』47, 한일관계사학회, 2013.

………, 「일제침략기 해주구세요양원의 결핵관련홍보자료 판매와 수익금 활용에 대한 고찰」, 『일본문화연구』59, 동아시아일본학회, 2016.

………, 「일제침략기 해주구세요양원의 결핵예방과 퇴치를 위한 홍보인쇄자료의 분류와 성격 검토」, 『한일관계사연구』54, 한일관계사학회, 2016.

神學指南編輯部, 「朝鮮初有의 肺病治療所인 海州救世療養院을 紹介함」, 『神學指南』12-1, 神學指南社, 1930.

심영옥, 「엘리자베스 키스의 시각으로 본 한국인의 모습과 풍속의 특징 분석」, 『동양예술』21, 한국동양예술학회, 2013.

엘리자베스 키스 그림·배유안 글, 『영국화가 엘리자베스 키스 그림에서 우리 문화 찾기』, 책과함께, 2008.

엘리자베스 키스 저·송영달 역, 『키스 동양의 창을 열다』, 책과함께, 2012.

엘리자베스 키스, 엘스 K. 로버트슨 스콧 저·송영달 역, 『영국화가 엘리자베스 키스의 코리아 1920 1940』, 책과 함께, 2011.

이만열 엮음, 『신사참배문제 영문자료집 I -미국국무성극동국문서편』, 한국기독교역사연구소, 2003.

이종학, 『肺結核:問答式』, 壽文社, 1958.

이창성, 「韓國의 크리스마스 씰 夜話(1)~(9)」, 『보건세계』37-6~38-2, 대한결핵협회, 1990 -1991.

이희대, 『久遠의 醫師像』, 博愛出版社, 1974.

장완두, 「表現技法으로 通해 본 韓國의 크리스마스 씰 연구」, 중앙대학교예술대학원 공예디자인학과 석사학위논문, 1998.

朝鮮人事興信錄編纂部, 『朝鮮人事興信錄』, 朝鮮總督府, 1935.

최은경, 「개항 후 서양의학 도입과 '결핵' 용어의 변천」, 『醫史學』41, 大韓醫史學會, 2012.

⋯⋯⋯⋯, 「일제강점기 조선총독부의 결핵정책(1910-1945): 소극적 규제로부터 시작된 대응과 한계」, 『醫史學』45, 大韓醫史學會, 2013.

한국크리스마스씰수집회편, 『한국 크리스마스 씰 수집회』NO.3, 한국크리스마스씰수집회, 1993.

海州救世療養院, 「本院案內書」, 海州救世療養院, 1934.

海州救世療養院, 「씰-販賣의 價格과 使用法」, 해주구세요양원, 1932.

海州救世療養院出版部, 『療養村』제16집, 海州救世療養院出版部, 1940.

海州救世療養院出版部, 『療養村』제4집, 海州救世療養院出版部, 1938.

海州市誌編纂委員會編, 『海州市誌』, 海州市誌編纂委員會, 1994.

海州療養院院長 賀樂(셔우드 홀), 「폐결핵 박멸운동의 유일한 방법인 크리스마스 씰의 유래와 발전」, 『療養村』제4집, 海州救世療養院出版部, 1938.

현광열, 「크리스마스 씰 얘기」, 『새가정』11-12, 새가정사, 1968.

黃海道海州救世療養院白, 「肺 患者의 기쁜 소식」, 『神學指南』12-1, 神學指南社, 1930.

『朝鮮總督府官報』, 1926년 7월 1일.

『朝鮮總督府官報』, 1932년 4월 5일.

『朝鮮總督府及所屬官署職員錄』(1932년), 국사편찬위원회(http://db.history.go.kr).

참고문헌

【홍보용 소책자】

Marian and Sherwood Hall, MEDICAL MISSION WORK, Seoul Korea, Y. M. C. A. Press, 1933.

Marian Bottomley Hall, A Mother's Faith, Haiju Korea, Y. M. C. A Press[Seoul], no data.

Mary Wilton[Helen Young Snyder], The Mother of Pyong Yang, no publisher, no data.

no name, CAMPAIGN NEWS FROM THE FRONT, no publisher, 1934.Sherwood Hall, THE STORY OF KOREA'S 1933 CHRISTMAS SEAL CAMPAIGN, Seoul Korea, Y. M. C. A. Press, 1934.

Sherwood Hall, THE STORY OF KOREA'S FIRST CHRISTMAS SEAL, Seoul Korea, Y. M. C. A. Press, 1933.

Sherwood Hall, THE STORY OF KOREA'S FOURTH CHRISTMAS SEAL CAMPAIGN, no publisher, 1936.

Sherwood Hall, THE STORY OF KOREA'S THIRD CHRISTMAS SEAL CAMPAIGN, Seoul Korea, Y. M. C. A. Press, 1935.

【신문자료】

「健康相談醫配置와 療養所設置注力 道마다 道本部두고 猛活動 結核驅逐運動白熱」, 『每日申報』, 1936년 4월 10일.

「結核撲滅을 期코저 朝鮮的으로 運動-海州結核療養院을 中心으로 撲滅後援會組織」, 『每日申報』, 1932년 12월 2일.

「結核病 豫防問題, 크리스마스씰을 機로」, 『동아일보』, 1932년 12월 8일, 사설.

「結核豫防 協會 設立 順調進行 十三道에 全部 設立」, 『동아일보』, 1936년 5월 3일.

「結核豫防協會 宣傳普及에 主力」, 『조선중앙일보』, 1936년 4월 13일.

「結核豫防協會 設立趣意書」, 『每日申報』, 1936년 4월 8일.

「今年度米穀基準 價格을 高位로 改正 廿八日農林省議 決定됐다」,『동아일보』,
    1932년 3월 30일.

「나병보다 무서운 폐결핵전문요양원 현실」,『中外日報』, 1929년 10월 15일.

「大田府에서도 結核豫防協會」,『조선중앙일보』, 1936년 4월 30일.

「龍塘浦海岸에 救世療養院-肺病患者의 大福音 二六日에 落成式」,『동아일
    보』, 1928년 10월 31일.

「만성 질환자 '결핵 주의보'」,『경향신문』, 2015년 8월 13일.

「三千九百名 發病者에 二千四百名이 他界 結核病者의 可驚할 死亡率 인류 공
    동의 적인 결핵 환자 절멸하고자 結核豫防協會創設」,『每日申報』, 1934년 10
    월 9일.

「御下賜金傳達式」,『每日申報』, 1943년 2월 13일.

「優良社會事業團體에 御內帑金下賜-光榮의 半島六十九團體」,『每日申報』, 1940
    년 2월 11일.

「一百名 收容程度로 救世療養院을 擴張」,『동아일보』, 1931년 5월 2일.

「戰爭보다 무서운 結核病 撲滅案」,『每日申報』, 1936년 5월 2일.

「朝鮮結核豫防協會 今日吾後三時朝鮮호텔에서 盛大한 發會式擧行」,『每日申
    報』, 1936년 4월 8일.

「朝鮮의 結核患者는 七對一의 比例 此亡國病의 救濟機關으로 抗結核會가 出
    現」,『每日申報』, 1929년 10월 15일.

「最近 世界 各國의 結核 死亡率」,「크리스마스 씰 발행 제4주년기념 미니 포스터」,
    조선결핵예방협회 해주구세요양원 발행, 1935.

「크리스마스 씰 宣傳文」, 海州救世療養院.

「폐결핵 퇴치운동의 큰 사업 '크리스마스 씰'의 유래 정말국 우편국원 '인나흠벨'이 시
    작(賀樂博士)」,『동아일보』, 1932년 12월 7일.

「肺結核撲滅運動 海州救世療養院 開始-후원회까지 조직하야 조력, 各地에 特派
    員을 派遣」,『중앙일보』, 1932년 11월 29일.

「咸南 結核豫防協會 發會式 擧行」,『동아일보』, 1936년 4월 30일.

「해주요양원 개시, 후원회까지 조직하여 조력, 각지에 특파원을 파송」,『중앙일보』,

참고문헌

1932년 11월 29일.

「海州 救世療養院 十萬圓의 法人申請」, 『동아일보』, 1936년 4월 30일.

「海州 救世療養院 財團法人 認可」, 『每日申報』, 1936년 9월 29일.

「海州救世療養院 國庫補助를 給與-結核療養의 唯一한 機關」, 『每日申報』, 1931년 12월 5일.

「海州救世療養院 다시 擴張計劃-각디의 결핵환자를 치료 三千餘圓 經費豫算」, 『동아일보』, 1929년 7월 16일.

「海州救世療養院에 金二千圓을 喜捨」, 『每日申報』, 1938년 1월 9일.

「海州救世療養院 十萬圓 法人手續-基礎確立, 施設擴張」, 『조선중앙일보』, 1936년 4월 30일.

「海州救世療養院에 寄附金이 遝至-퇴원환자도 감격하야 기부 鄭僑源氏도 金一封」, 『每日申報』, 1938년 1월 11일.

/ㄱ/

감리교 5, 16, 21, 22, 49, 72, 73, 88,
    114, 185
감리회 6
강상준 199
개교식 26, 49
개원식 49
객담 17
거북선 59, 62, 63, 64, 66, 67, 69, 74, 89
건강 팸플릿 189, 190
건강가이드 184
건강좌담 193
건강증서 150
견본 150
결핵 5, 6, 16, 17, 18, 19, 20, 22, 24, 26,
    28, 32, 33, 34, 38, 39, 46, 47, 48,
    49, 50, 58, 59, 60, 67, 89, 98, 99,
    100, 101, 104, 106, 108, 129, 130,
    141, 150, 153, 155, 163, 165, 166,
    172, 173, 177, 178, 179, 180, 183,
    184, 187, 188, 190, 191, 192, 193,
    194, 195, 197
결핵균 16, 17
결핵기금 62, 129, 141, 153, 163, 172,
    174, 177, 196

결핵사 98
결핵연구소 195, 197
결핵예방협회 153
결핵예방회 155
결핵요양소 6, 21, 22, 23, 38
결핵협회 61, 70
결핵환자위생학교 24, 49
경성여자의학전문학교 21
경찰 79
공중건강지침 183
광주기독병원 41
교회당 42
국무성 88
군부 78, 79, 80, 82, 83, 86, 87, 88, 90,
    91
권성중 9
그네뛰기 122, 129, 163, 167
기부금 41, 42, 50, 101
기원절 38
김기창 76, 108, 140, 162, 167
김승제 9
김홍세 41

/ㄴ/

남대문 5, 39, 58, 59, 62, 66, 67, 68, 69,

70, 88, 89, 94, 98, 101, 104, 106
남산 24, 25, 30, 44, 49
남상욱 9, 53, 58, 83, 94, 95
내선일체 81
내탕금 41
널뛰기 73, 74, 155, 158, 167
노래 44
노튼기념병원 42, 52
농장 28, 30, 31, 32, 33, 49

/ㄷ/

달력 99, 162, 163, 172, 173, 184, 186,
    187, 199
대통령 104
덴마크 60, 92
도립병원 39
도안설명서 121
도요토미 히데요시 89
도쿄 128, 181
동대문부인병원 21

/ㄹ/

라벨 74
로베르트 코흐 16
로욜라중앙도서관 170
로이드 186
로제타 교회당 27, 30, 42, 49
로제타 셔우드 홀 5, 21, 101
로제타 여사 52, 101

로제타 홀 72
루이스 브렌드 181
루즈벨트 대통령 72, 73, 104, 169

/ㅁ/

마운트 유니온대학 6
마운트 허몬학교 6
마이코박테리움 16
만세 91
머레이 183
먹지 199
메리 스코트 버버그 22
메리안 23, 26, 91
메리안 버텀리 6, 21
메리안 버텀리 홀 104
모금용 편지 42, 43, 55, 99, 101, 106,
    107, 108, 109, 110, 111, 112, 166,
    172, 173, 175, 177
모금운동 30
모자건강병원 44
목판연하장 75, 76, 99, 129, 131, 140,
    143, 144, 145, 146, 147, 148, 149,
    172, 173, 181, 182, 196
목판화 83, 127, 128, 129, 140, 163,
    181, 198
문창모 89
물품 주문서 189, 199
미니 포스터 18, 116, 153, 154, 166,
    172, 173, 174, 177, 196
미발행 씰 80

민속놀이 74, 81, 122, 128, 140

/ㅂ/

바커 177
발행 안내 177
발행 안내서 99, 101, 113, 116, 121,
　　　122, 123, 124, 125, 126, 127, 128,
　　　129, 172, 173, 176, 196
배재학당 69, 104
벌금 88, 90
베네딕트 수도원 69
병리시험실 29
보건증권 72, 99, 141, 150, 151, 152,
　　　166, 172, 173, 187, 188, 189, 193,
　　　194, 196
보균율 192
보급 선봉대 188
복십자 113, 116, 119, 131, 163
본원안내서 25, 27, 28, 30, 34, 165
부산항 91
부속기숙사 28
부속농장 29
부속백화점 28
부인요양실 27
브랜드 186
비거 박사 180
비매품 99, 100, 101, 153, 166, 172,
　　　174, 177, 196

/ㅅ/

사망률 16, 18, 19, 154, 192
사사키 23, 53, 86
사사키 추에몽 23, 37
사육장 29
사이토 마코토 87, 90
사진그림엽서 8, 100
사토 127
색동옷 79
서동욱 9, 93, 108, 170
서력 77, 82, 83, 90
서원석 63, 64, 93, 170
선교사 5, 16, 20, 41, 47, 58, 66, 72, 78,
　　　79, 88, 90, 91, 122
선교의사 6, 165, 183
선교활동 33
선교회 101, 186, 191
선물상자 113
선전문 40, 195
선전문구 166
섬유소 140, 181
성탄절 128
세브란스 70, 192, 193, 194
세브란스 병원 41, 191
셔우드 홀 5, 16, 59, 89, 128
수익금 153, 173, 188, 190, 191, 192,
　　　193, 194, 195, 196, 197
스미소니언 박물관 63, 64
스티븐 하세가와 9
스파이 48, 77, 78, 86, 87, 90

찾아보기

식모 35, 36

식민지 8, 9, 19, 50, 74, 89, 99, 100, 129, 150, 172, 173, 195, 197

씰 봉투 99, 101, 113, 116, 121, 166, 172, 173, 177, 178

씰 위원회 79, 106, 186, 191

씰 캠페인 101, 173, 179, 180, 181, 186, 188, 190, 191, 192, 196

씰철 68, 71, 74, 75, 76, 77, 79, 80, 82, 83, 150

/ㅇ/

아교 126

아기 업은 여인 71, 130, 140, 155, 156, 157, 165, 167, 184

아이날 홀벨 60

아펜젤러 69, 104

아포리즘 17

안식년 61, 77, 113

앨버트 벨라 55

양계장 29

얼레 126

에밀리 비셀 61

에세이 131

에스몬드 76, 77, 122

X광선 28, 29, 34, 35, 36, 49

엑스레이 22, 26

엘리자베스 키스 71, 72, 75, 79, 82, 84, 122, 127, 128, 129, 140, 155, 162, 165, 167, 181, 184

엘버트 벨라 53

연날리기 75, 122, 126, 140, 159, 167

연하 140

연호 77, 81, 82, 83

엽서 71, 75, 76, 79, 82, 99, 130, 131, 132, 133, 134, 135, 136, 137, 138, 139, 153, 172, 173, 182, 183

영국교회병원 191

영국대사관 186

예배당 27, 28, 29, 30, 49

오다 67

오다 야스마 65, 66, 88, 90, 94

오락실 28, 29, 49

와그너 127

YMCA인쇄소 68, 70

와타나베 181

요양병원 98

요양촌 30, 165, 170

우편엽서 163

운산금광 6, 21

위원회 76

윌리엄 제임스 홀 5, 21, 52

유리 126

유영완 76

유일한 129, 169

유한양행 129

육군검열관 83

의료선교 6, 104

의창학교 6, 21

의학사 19, 20, 50

2.26 사건 87

이순신 93
이순신 장군 63
이창성 9, 71, 150
인공기흉기 28, 49
인공태양등 28, 29, 35, 36, 49
인도 48, 53, 88, 91
인쇄홍보자료 8
일본 60
일본결핵예방협회 60
일제강점기 5, 7, 8, 16, 17, 24, 58, 59,
　　　70, 71, 77, 90, 100, 165
임진왜란 63, 66
입원 34, 35, 36, 45, 46
입원규정 35, 36, 37
입원병동 28, 29, 49

/ㅈ/

자동차 28
자서전 20, 21, 23, 62, 64, 66, 69, 70,
　　　76, 77, 79, 95, 184, 188
자연요양사 61
재단법인 32, 35, 36, 41, 50
전염병 16, 17, 19
정교원 41, 75
제기차기 75, 76, 108, 122, 129, 140,
　　　167
제럴드 핍스 87
제물포 87
제시에 키스 181
제임스 벨라 53, 55

조각 맞추기 장난감 163
조선결핵예방협회 38, 50, 153, 155
조선의료선교협회 191, 193, 194
조선의료선교회 70
조선인사흥신록 65
조선총독부 17, 19, 20, 24, 37, 38, 49,
　　　50, 53, 65, 150, 153, 155, 197
조선총독부급소속관서직원록 65
조선회상 5, 21, 22, 23, 24, 30, 42, 45,
　　　62, 67, 70, 76, 77, 81, 87, 88, 91,
　　　169, 188, 189
주문용 엽서 130, 131, 155, 165, 174,
　　　177, 179, 180, 183, 189, 190, 196,
　　　198
중일전쟁 47, 79, 90
지브롤터 67
진해만 63
질병 16, 17, 18, 19, 184, 190
질병관리본부 51

/ㅊ/

찬조회원 회원증 150
천황 37, 41
철갑선 63, 93
초대장 42, 45
초판 58, 67, 82
초판 씰 68, 69, 80, 81, 82, 83, 90, 94,
　　　95
촛불 봉투 99, 101, 113, 115, 116, 166,
　　　172, 173, 177, 178

찾아보기

촛불장식 113
최신영 74, 162
추방 49
친일파 91

/ㅋ/

카드 79, 99, 130, 131, 132, 133, 135,
 136, 138, 139, 140, 172, 173, 182,
 189
캐나다 5, 16, 58, 70, 77, 113, 165
캐나다통일교회병원 191
캐럴 부르는 소년소녀 70, 71, 163, 164,
 167, 184, 189
캐럴 신부 78
캠페인 104, 186, 191, 192, 193, 194
캥거루 코트 86
콜리만 186
쿠퍼 주교 188
크리스마스 씰 5, 6, 7, 8, 39, 40, 41, 46,
 56, 58, 61, 62, 64, 67, 68, 69, 71,
 76, 77, 89, 91, 92, 98, 99, 101,
 104, 106, 108, 116, 127, 128, 140,
 153, 163, 165, 167, 169, 172, 177,
 181, 186, 189, 191, 195
크리스마스 씰 위원회 62, 70, 127, 172,
 174, 188
크리스마스카드 72, 73, 75, 127, 128,
 129, 163
키스 여사 72, 82, 83, 95

/ㅌ/

태극기 91
태평양전쟁 79
테트베슈 77
토론토 의과대학 6
통역관 65

/ㅍ/

판매품 99, 100, 122, 130, 153, 166,
 172, 173, 174, 196
패인 양 185
팽이치기 122, 129, 140, 155, 160, 161,
 167
퍼즐 맞추기 71, 99, 163, 164, 165, 166,
 172, 173, 184, 185, 186, 189, 190,
 196, 199
페인 68, 74
편지용지 106
평양기독병원 41
평양연합기독병원 21
평양외국인학교 6
폐결핵 17, 37, 46, 52, 54, 101, 199, 200
폐결핵박멸운동후원회 39
폐병 21, 47
포스터 99, 153, 155, 156, 157, 158,
 159, 160, 161, 162, 163, 166, 170,
 172, 173, 178, 179, 180, 181, 186,
 188, 196, 198
풍속화 141

/ㅎ/

하사금 38

하세가와 71, 92, 95, 106, 108, 113, 122

한국복십자회 89

한국의 두 아이 59, 79, 80, 82, 83, 84, 140, 163, 167

한지연하장 99, 129, 131, 140, 141, 142, 144, 166, 172, 173, 181

함흥제혜병원 41

항결핵 178, 191, 192, 193, 194

해주 코러스 42

해주구세병원 6, 21, 22, 42, 44, 52, 53, 101, 106, 168

해주구세요양원 5, 6, 7, 8, 9, 16, 19, 20, 21, 23, 24, 25, 28, 29, 31, 32, 33, 34, 36, 37, 38, 39, 42, 44, 45, 46, 47, 48, 49, 53, 55, 56, 58, 68, 89, 98, 99, 100, 101, 104, 113, 116, 129, 141, 153, 155, 163, 165, 167, 170, 172, 173, 177, 191, 192, 193, 194, 197

해주기독소년학교 42, 44

해주법원 86

해주읍 24

해주의창보통학교 106

허레이쇼 넬슨 제독 62

헌당식 27, 42

헌병 78, 79, 86, 87, 90

헌병대 80

헤롤드 무어 42

형광투시경 22

혜순 73, 104, 169

홀 박사 6, 8, 9, 16, 20, 21, 22, 23, 29, 30, 33, 34, 42, 43, 47, 48, 49, 52, 55, 56, 58, 61, 62, 63, 64, 66, 69, 70, 71, 73, 76, 77, 78, 79, 86, 88, 89, 90, 95, 98, 101, 104, 105, 107, 108, 110, 113, 114, 116, 129, 140, 141, 165, 180, 181, 184, 185, 186, 190, 192, 198

홀츠빌 서퍼크 결핵요양소 6, 21

홍보용 소책자 74, 99, 101, 153, 166, 172, 173, 174, 177, 180, 181, 187, 188, 190, 193, 194, 196, 198

홍보인쇄자료 98, 99, 100, 101, 129, 130, 153, 163, 165, 166, 167

화진포 78

황규환 41

황해도 5, 16, 23, 30, 32, 37, 38, 41, 53, 62, 75, 95, 192

히포크라테스 17

동아대학교 역사인문이미지연구소 총서 01

일제강점기 해주구세요양원의 결핵퇴치운동 연구

-셔우드 홀 박사와 결핵예방 홍보자료-

초판 1쇄 인쇄 2020년 2월 13일
초판 1쇄 발행 2020년 2월 20일

저　　자 신동규
편　　찬 동아대학교 역사인문이미지연구소
전　　화 051-200-8742

발 행 인 한정희
발 행 처 경인문화사
편 집 부 김지선 유지혜 박지현 한주연
마 케 팅 전병관 하재일 유인순

출판신고 제406-1973-0000003호
주　　소 파주시 회동길 445-1 경인빌딩 B동 4층
대표전화 031-955-9300　　팩 스　031-955-9310
홈페이지 http://www.kyunginp.co.kr
이 메 일 kyungin@kyunginp.co.kr

ISBN 978-89-499-4869-0 94910
　　　978-89-499-4868-3 (세트)
값 17,000원